괴테와 플라톤

괴테와 플라톤

에른스트 카시러

추정희 옮김

부북스

일러두기

● 이 책의 원본은 다음과 같다.

♦ Ernst Cassirer, "Goethe und Platon", in: *Ernst Cassirer Gesammelte Werke. Haumburger Ausgabe. Band 18. Aufsätze und Kleine Schriften(1932-1935)*, herausgegeben von Birgit Recki, Hamburg: Felix Meiner Verlag, 2004, pp. 410-434.

♦ Ernst Cassirer, "Eidos und Eidolon. Das Problem des Schönen und der Kunst in Platons Dialogen", in: *Ernst Cassirer Gesammelte Werke Haumburger Ausgabe. Band 16. Aufsätze und Kleine Schriften(1922-1926)*, herausgegeben von Birgit Recki, Hamburg: Felix Meiner Verlag, 2003, pp. 135-163.

♦ Ernst Cassirer, "Goethes Pandora", in: *Idee und Gestalt. Goethe, Schiller, Hölderlin, Kleist,* Darmstaft: Wissenschaftliche Buchgesellschaft, 1994, pp. 7-31.

● 주는 대부분 저자의 주이며, 역자의 주일 경우 '역주'를 표시했다.

차례

괴테와 플라톤

괴테와 플라톤[001]

괴테가 플라톤의 저서들을 연구했다는 것을 보여주는 증거는 아주 불충분해서, 괴테가 플라톤과 플라톤주의 사상계와 맺는 내적인 관계를 측정하기란 어려운 일이다. 외적으로 드러난 모든 것에서 볼 때, 이러한 저서들에 대한 그의 인식은 매우 한정적이다. 『색채론의 역사』에서 보듯이, 그는 『티마이오스』만을 정확하고 철저하게 연구하였다. 『티마이오스』는 그가 원본으로 소장하며 읽었던 것으로 보이는 유일한 작품이다. 다른 작품에 관해서 보자면 바이마르의 괴테 도서관에 레오폴트 추 슈톨베르크(Leopold zu Stolberg) 백작이 번역, 출판한 『플라톤의 대화 선집』 이외에 독일어로 번역된 작품으로는 『파이돈』과 플라톤의 편지들만이 있다.[002] 철학자, 논리학자, 변증가인 플라톤을 이해하기 위해서 근본적으로 반드시 필요한 저서들인 『테아

---

001 맨 처음에는 다음에서 발표되었다(Sokrates, Zeitschrift für das Gymnasialwesen, Neue Folge, 10. Jg., 76(1922), pp. 1—22).

002 여기에 대해서는 칼 폴랜더의 지적 참조(Karl Vorländers, Publikation aus dem Goethe und Schiller—Archiv und dem Goethe—National—Museum zu Weimar, Goethes Verhältnis Kant betreffend, in: Kant—Studien 2(1899), pp. 212—236: p. 221).

이테토스』,『소피스트』,『필레보스』를 그가 알았다는 증거는 없다. 물론 괴테가 플라톤주의를 이해할 수 있는 간접적인 원천들은 너무 풍부하다. 18세기 독일 정신사에서 이러한 영향의 폭과 깊이를 서술하기 위해서라면, 여기에 샤프츠베리와 빙켈만 두 사람의 이름을 언급하는 것만으로도 충분하다. 그러나 좁은 의미에서 보면 괴테는 역사적으로, 문헌학적 · 비판적으로 플라톤 저작과 플라톤주의 이론을 인식할 어떠한 준비도 하지 못했다. 그럼에도 그는 다른 한편으로 그러한 인식만이 진정한, 진실한, 완전한 플라톤의 상을 형상화할 수 있다고 느끼고 의식했다. 레오폴트 추 슈톨베르크는 무슨 일이 있어도 플라톤을 기독교주의 진리의 증인으로, 그리고 "기독교 계시의 동지"로 만들려고 시도했는데, 그가 시도했던 이러한 비판 없는 혼란에 대해 괴테는 그와 같은 정신은 그 시대에서만 이해될 수 있다고 주장하면서 이의를 제기한다. 그러므로 첫 번째로 모든 플라톤 서술에 대해 요구할 수 있는 것은 그 저작들이 놓여 있는 역사적인 조건들과 그 근원이 되는 모티프들을 비판적이고 확실하게 제시하는 것이다. //S. 411// 플라톤을 애매하게 이해하지 않기 위해서나 인격 면에서 뛰어난 그 사람을 알기 위해서라도, 아주 소수의 저자만이 하는 일이지만, 플라톤을 읽어볼 필요가 있다. "왜냐하면, 다른 것일 수 있는 그러한 것의 가상이 아니라, 오히려 다른 것이었고 다른 것인 그것을 인식하는 것만이 우리를 계발하기 때문이다."[003] 잘 알려진 괴테의 진리의

---

003 괴테, 「기독교적 계시의 동지로서의 플라톤」(바이마르 판, 괴테전집, 제2부, 『자연과학론』, 41권), p. 170.

본질규정은 이처럼 아름답고 의미심장한 말로써 방향전환을 겪게 되는데, 이러한 방향전환에서야 비로소 이러한 규정의 의미가 전적으로 파악된다. "생산적인 것만이 오직 진리이다."[004] 그러나 다른 한편으로 진정한 생산성은 결코 우연하고 피상적인 관점으로 대상을 고찰하는 단순한 마니에르(Manier)를 특성으로 하지 않는다. 오히려 그것은 이제 자연 혹은 역사에 해당하는 대상 자체를 직관하는 것에서 전적으로 창조될 수 있다. 여기에서 괴테는 모든 역사적인 이해에서 근본현상과 고유한 비밀을 언급한다. 또한, 순수하게 개별적인 판타지를 수단으로 자기의 고유한 개별성의 한계를 넘고, 이질적인 정신세계를 객관적으로 직관하여 그것을 자신 안에서 구축하는 것이 어떻게 가능한지 질문을 던진다. 그는 슈톨베르크의 플라톤 해석에서 자신이 평생 자연에 대한 특정 해석에 대해 싸웠던 것과 동일한 근본적인 결함을 느꼈고 싸웠다. 또한, 거기에서 "어두운 판타지와 익살스러운 신비주의 속에" 무한히 멀리 떨어진 사물들을 갖다 대고 결합하려는 시도를 느꼈고 그것과 싸웠다.[005] 왜냐하면, 괴테의 경우에 그가 즐겨 부르는 대로, 모든 위대한 인물도 역시 "자연", 즉 내적인 진리, 일관성, 완결성을 지닌 자연이기 때문이다. 그래서 그 역시 모든 사상체계, 즉 플라톤주의와 아리스토텔레스주의, 스토아주의와 비판주의 철학에서 무엇보다도 "삶의 형식"을 보았다. 철학은 삶의 형식에

---

004 [괴테, 「유언장」, p. 83].

005 괴테, 『주관적인 관점에서 바라보는 것』(바이마르 판, 괴테전집, 제2부, 『자연과학론』, 제11권), p. 170.

서 나오며, 삶의 형식을 표현한다.[006] "소크라테스가 스스로 도덕적인 인간이라고 부름으로써 전적으로 어느 정도 단순히 자기 자신에 대하여 깨달았던 것처럼, 플라톤과 아리스토텔레스도 마찬가지로 자격 있는 개인으로서 자연 앞으로 나아갔다. 전자가 정신과 심성으로써 자연에서[007] 자신을 획득하고 있다면, 후자는 학구적인 눈빛과 방식들로써 자신을 위하여 자연을 획득하고 있다.[008]" 이러한 괴테의 문장들은 플라톤에 대한 자신의 고유한 내적인 관계와 내적 입장을 가장 간결하고 분명하게 표현하고 있다. //S. 412// 이러한 입장을 이해하기 위해서, 플라톤과 괴테의 자연관을 학적 체계, 즉 명제에 명제를, 증명에 증명을 대립시키고 서로 비교하는 학설의 체계로 파악하려고 시도해서는 안 된다. 어떻게 두 명의 "자격이 있는 개인들"이 서로에게 대립하고 있고 세계에 대립하는지를 파악하는 것이 중요하다. 그리고 이러한 정신적인 입장 표명들에서 두 가지 근원적인 삶의 형식과 사유 형식, 즉 자아와 세계의 정신적인 대립의 두 가지 전형적인 방식들이 그와 같은 완전한 표현을 획득하는지를 이해하는 것이 중요하다.

우선 플라톤의 철학은 존재론이다. 플라톤의 철학은 데모크리

---

006 괴테, 팔크(Johanes Daniel Falk)에게 보낸 편지, 날짜 없음, 『대화집』, 제4권, p. 468 이하 참조.

007 [카시러: 자기 자신].

008 괴테, 『잠언과 성찰』(Maximen und Reflexionen) Nr. 663(함부르크 판, Nr. 360).

토스와 소크라테스 이전 철학자들에 대립하여 존재의 새로운 견해를 연구하고 기초를 세웠을 뿐 아니라 존재의 보편적인 개념과 그럼으로써 존재의 보편적인 문제를 처음으로 완전히 규정적이고 분명하게 제시하였다. 플라톤 자신은 여기에서 자신이 고유하게 실행해야 할 일과 자신의 학설을 이전의 모든 철학으로부터 분리하는 경계선을 발견한다. 그가 『소피스트』에서 상술한 것처럼 이전의 학자들은 존재에 대하여 언급하고 논하고 있다. 그들은 존재에 대한 어느 정도의 규정을 시도하고 있지만, 어느 사람도 이 경우 존재 자체를 문제로 삼지 않고, 그러한 것으로서 존재를 명명하고 서술하며, 진술하는 것이 무엇을 의미하는지 묻지 않는다. 그래서 이제까지의 철학은 항상 단지 존재하고 있는 것, 즉 소위 세계원리들로서 물과 공기, 따뜻함과 차가움, 사랑과 미움에 대한 학설일 뿐이었으며, 결코 "존재 자체(αὐτὴ ἡ οὐσία)"[009]에 대한 학설은 아니었다. 생각하고 말할 때, 생각해서 말한 것에 존재라는 각인을 새기지 않고는, 우리는 생각할 수도 말할 수도 없다.[010] 그러나 이러한 각인 자체가 의미하고 있는 것을 이제까지 어떤 사람도 적절하게 규정하지 못했다고 한다. 이러한 관점에서 플라톤의 경우, 사유와 존재의 동일성이라는 위대한 원리를 중심으로 한 엘레아학파를 포함한 그리스 철학 전체는 존재에 대한 단순한 신화가 된다. 그는 이러한 신화에 자신의 고유한 학설을 존재에 대한 최초의 진정한 로고스로서 대립시키고

---

009   [플라톤, 『파이돈』(Phaidon) 78D]

010   플라톤, 『파이돈』 75D.

있다. 그러나 존재에 대한 이러한 로고스는 처음에는 부정적으로 획득되고 규정된 것이다. 일반적인 견해에서 사물의 세계라고 부르는 감성 세계를 존재에 대하여 대립하는 것으로, 존재하고 있는 것이 아니라 항상 변화하는 것으로 파악했던 자에게만 존재의 새로운 영역은 자신을 드러낸다. //S. 413// 이 같은 존재와 생성 사이에서 지속해서 형성되는 모순론은 플라톤주의 초석을, "이데아론"의 기초를 이룬다. 이것은 중기의 저서들에서 가장 명확하게 첨예화되었지만, 여기에 플라톤 철학의 개별적인 시기에 한정하지 않고, 처음부터 끝까지 플라톤의 사유의 발전 전체에서 각각의 시기마다 다양한 강도로 지배하는 모티프를 형성한다. 『파이돈』에 따르면 존재하는 것의 진리, 즉 존재 그 자체에 도달하려는 자는 추론하고 결론짓는 방식 속에서 시각을 사용하지도 않고, 어떤 다른 감각을 수용하지도 않은 채, 오로지 존재를 순수하게 사상으로 파악해야만 할 것이라고 가르치고 있다. 여기에서와 마찬가지로 『국가』에서도 존재하는 것의 두 왕국, 즉 항상 변함없는 본질의 비가시적인 왕국과 동일한 방식으로 유지하지 않고 항상 변화하는, 발생하고 사라지는 사물들의 가시적인 왕국이 가장 확실하게 서로 대립하고 있다. 『필레보스』, 『티마이오스』와 같은 플라톤의 만년 저작들 역시, 이후에 두 왕국 사이에 길을 내는 것으로 보였던 모든 매개에도 불구하고, 존재와 생성 사이에 이러한 명확한 분할을 고수하고 있다. 플라톤이 이제 자연, 즉 생성의 왕국 자체로 향한다고 할지라도, 자연 자체에서 로고스를 추구하고 파악한다고 할지라도, 그의 경우 이러한 파악과 본질적인 지식 사이에, 추론적 사고법(Dianoetik)의 지식과 변증법(Dialektik)의 지식 사이에는 분명한 한계가 확고부동하게 자리하고 있다. 항상 자연 안에서 우리에게 일어나는 것은 로고스의 상이자 비유일 뿐이다. 왜냐하면, 여전히 생성의 영역은 엄밀한 학문적인 인식에서 거부당한 채, 의견(δόξα), 즉 공상과 망상에 내맡긴 채 머물러 있기 때문이다. "왜냐하면, 존재가 생성에 관계하듯이 진리는 믿음에 관계하기 때문이다."[011] 단 한 번도 동일한 방식의 태도를 취하지 않았고, 그러한 태도를 취하지 않을 것이고, 현시점에서도 역시 그러한 태도를 취하지 않는 것에 대하여 일찍이 존재는 어떻게 완전한 진리를 부여할 수 있단 말인가? 자체로는 조금도 지속하지 않지만, 각각의 새로운 시간의 계기 속에서 자신을 다른 것으로 표현하는 내용에서 어떻게 지식의 지속적이고 확고한 진술이, 즉 지식의 형식이 발견될 수 있단 말인가?[012]

이러한 플라톤의 명제에 괴테의 생성에 대한 견해와 괴테의 이성에 대한 설명을 대립시킨다면, 양자 사이에서는 어떠한 관계도 매개도 생기지 않고, 오히려 가장 날카로운 대립만이 생겨나는 것으로 보인다. //S. 414// 왜냐하면 괴테의 경우 이성과 생성 간의 결코 해체될 수 없는 상관관계가 이성과 생성 간의 모순론을 대신하기 때문이다. 즉 순수한 상호관계가 모순을 대신하기 때문이다. 이성은 생성하는 것만을 파악하지 않는다. 오히려 생성하는 것은 이성에게 고유한, 이성만이 진정으로 접근할 수 있고, 이성이 지배될 수 있는 영역을 가리킨다. 생성이 중단되는 곳, 즉 이성이 단지 여전히 고정되고 확고한

---

011   [플라톤, 『티마이오스』(Timaios) 29C, 또한 『국가』(Politeia) 534A와 비교].

012   플라톤, 『필레보스』(Philebos) 59A─B; 『티마이오스』 29C; 『파이돈』 65D와 79A 이하.

존재에 대립하고 있는 곳에서 이성의 힘도 제한되고 손상된다. "이성은 생성하는 것에, 오성은 생성된 것에 할당된다. (……) 이성은 진행하는 것에 즐거워하고 오성은 모든 것을 이용하고자 그것들을 고정하기를 바란다."[013] 그래서 괴테의 자연관찰 경우에 감각적으로 파악할 수 있는 사실의 표현이나 분석적인 오성의 과정의 산물로서가 아니라 이성의 근본개념으로서 변형(Metamorphose)의 사상이 나타난다. 형상의 통일을 일반적으로 파악할 수 있다고 한다면, 우리는 그것을 형상들의 변화에서만 파악할 수 있다. 변형의 개념은 우리의 정신에 일련의 살아있는 것을 나타내는 분명한 인도자이다. 그러나 다른 한편으로는 이러한 개념의 한계들은 자연 안에서 통찰할 수 있는 한계를 가리킨다. 우리에게 있어서 발생의 종착점은 오성의 종착점을 의미한다. "우리는 더 이상 발생하지 않는 것을 발생하는 것으로 생각할 수 없다. 우리는 발생 중인 것을 파악하지 못한다."[014] 본래적인 의미에서 볼 때 "무기적인(anorganischen)" 자연학 전부를 부인할 때까지 괴테는 이러한 사상을 계속해나간다. 플라톤에게 있어서 인식하는 것과 인식된 것, 즉 인식의 주체와 객체가 동일한 종류의 것이라고 한다면―존재가 결코 확정되어 있지 않고 영원한 원환 운동을 한다면, 지식도 역시 내적인 고정성과 확실성에, 즉 그 지식의 개념들과 진술들의 규정성에 결코 도달할 수 없다고 주장하고 있다.[015] 그러나 괴테의 경우에, 동일한 형식적인 전제는 내용상으로 볼 때 정반

---

013 괴테, 『잠언과 성찰』 Nr. 555(함부르크 판, Nr. 538).

014 [같은 책, Nr. 601].

015 플라톤, 『크라틸로스』(Kratylos) 386A―E와 439C.

대의 결론에 도달한다. 진실로 이성은 자기 자체에서 유기적인 것이다. 이성은 오직 유기적인 것만을, 즉 형태의 형성과 변형만을, 생성과 발생만을 진실로 파악할 수 있다. "이성은 오직 살아있는 것만을 지배한다. 지질학이 다루는 발생한 세계는 죽은 것이다. 그 때문에 어떠한 지질학도 있을 수 없다. 왜냐하면, 이성은 여기와 아무런 관련도 없기 때문이다."[016] 자연 연구에 눈을 뜬 바이마르 시대 초기에 괴테가 열정적으로 몰두했던 광물학 역시 나중에 전적으로 동일한 결론에 이르게 된다. //S. 415// 광물학은 노년의 괴테에게는 오성을 위한, 실천적인 삶만을 위한 학문인 것이다. 왜냐하면, 광물학의 대상들은 죽어 있는 어떤 것들인데, 이러한 것들은 더는 발생하지는 않는 것과 동시에 종합이라는 점에서 사유될 수 없다.[017] 그리고 그에게 있어 자연에 적용된 것과 같은 동일한 고찰이 예술의 경우에도 적용되는데, 이러한 고찰은 괴테가 양 영역들 사이에 상정한 일관된 유비에 따라 이루어진다. 괴테가 젤터에게 쓴 편지에서 "만일 자연작품과 예술작품들이 완성된 상태라면, 사람들은 그것들을 알 수 없다. 그것들을 조금이라도 파악하기 위해서라면 발생상태 속에서 움켜쥐어야만 한다."[018,019] 우리는 이러한 모든 표현 속에서 플라톤과 괴테의 근본 견해의 대립을 가장 분명하게 이해하게 된다. 플라톤의 경우에 인

---

016 괴테, 『잠언과 성찰』 Nr. 599(함부르크 판, Nr. 604).

017 에커만, 『괴테와의 대화』, 1829년 2월 13일(『대화집』, 4권, pp. 67—70) 참조.

018 [카시러, 찾아냄]

019 괴테가 젤터에게 보낸 편지, 1803년 8월 4일(괴테전집, 제4부, 16권, pp. 265—268) p. 265.

식의 한계를 의미하는 생성은 괴테의 경우에 인식의 전제와 형식으로 변화한다. 발생은 존재와 앎의 단순히 부정적인 모티프, 단순한 한계를 나타내는 것을 그만둔다. 발생은 발생적인 방법이라고 생각되고 증명될 때, 자신의 적극적인 힘과 생산성을 전개한다. 괴테는 말년에 무엇보다도 "변형론의 근본 원칙(Grundmaxime der Metamorphose)"을 생각했고 설명했는데, 이러한 원칙은 개념적인 것들로 이루어진 미궁 전체로 운 좋게도 인간 정신을 안내하고 결국에는 비개념적인 한계에 만족하게 하는 그러한 방법이다. 그래서 비로소 그에게 이러한 원칙은, 이념이 그러하듯이, "풍부하고 생산적인" 것이 되었다.[020] 이러한 이념은 그에게 있어서 이제 존재와 생성 간에, 자연과 정신 간에, 주체와 객체 간에 다리를 놓았다. 그에게 이러한 이념은 "신이 (……) 주지의 상정된 6일간의 창조를 마친 이후에도 절대 쉬지 않았으며", 오히려 "처음과 마찬가지로 여전히 끊임없이 작용하고 있다"는 것에 대한 표현이었다.[021] 그렇게 괴테는 플라톤의 학설의 근본 개념을 수용한다. 그렇게 괴테는 감성적인 자연관의 경험주의와 대립하고 있으며, 무엇보다도 식물계에 대한 린네의 이해와 기술과 같은 단순히 분류된 자연개념들의 합리주의에 대립하면서, 이념적 사고방식을 신봉하였다. //S. 416// 그가 베이컨과 플라톤 둘 사이에서 선택해야 했을 때, 어디에서건 단호하게 후자를 신봉한다.[022] 처음에는 무의

---

020 [괴테가 뮐러에게 보낸 편지, 1830년 7월 2일(『대화집』, 4권), p. 287, p. 288]

021 에커만, 『괴테와의 대화』, 1832년 3월 11일(『대화집』, 4권, pp. 440—444), p. 444.

022 괴테, 『색채론』, 역사적인 부분, 참조(바이마르 판, 괴테전집, 제2부, 『자연과학론』, 제3권 p. 227). 또한 괴테, 『박사 요아킴 융기우스의 삶과 공적』(제7권, pp. 105—129, p. 115).

식중에 내적인 충동에 의하여, 그리고 점점 커지는 자유에서, 또 그의 연구의 근본 모티프가 점점 더 분명해지면서, 그는 자연의 모든 산물 속에 있는 "원상적인 것(과) 전형적인 것"을 향해 간다.[023] 그러나 생성 외에 달리 어디에서도 그는 이러한 전형적인 것을 파악하려 하지 않는다. 바로 이러한 전형적인 것이 그에게, 일시적인 것 안에서 영원한 것을 보게 하는 이념적인 사유방식의 의의, 힘과 고유성을 가리킨다.[024]

그러므로 플라톤의 경우 **좋음**(Gute)의 이데아가 이데아 왕국의 정점에 있으며, 최고 지식을, 모든 존재와 동시에 모든 인식의 최종적인 근원을 나타낸다. 좋음의 이데아 속에서 존재와 인식의 우주가 그 자체로 완성되기 때문이며, 모든 특수한 것이 최고의 궁극 목적과의 관계를 통해서 비로소 그 의미와 중요성을 받아들이기 때문이다. 그 반면에 괴테의 모든 자연고찰은 다시금 **삶**을 전적으로 포괄하는 하나의 이념 속으로 합류한다. 그래서 플라톤이 좋음을 분명하게 "존재의 피안"[025]으로 밀어내면서, 삶의 한계를 초월하는 곳을 가리키지만, 괴테의 경우에 삶의 현상에 대립하는 어떠한 피안도, 어떠한 "초월"도 있을 수 없다. 우리는 여기에서 좀 더 배후에 있는 근원에 대한 물음과 좀 더 외적인 목적에 대한 각각의 물음, "무엇 때문에"와 "무슨

---

023 괴테, 「직관적 판단력」(바이마르 판, 괴테전집, 제2부, 『자연과학론』, 제2권), p. 55.

024 괴테, 「박사 요아킴 융기우스의 삶과 공적」(바이마르 판, 괴테전집, 제2부, 『자연과학론』, 제7권), p. 120.

025 [플라톤, 『국가』 509B].

목적으로"라는 각각의 물음이 지양되는 지점에 도달한다. 괴테가 가장 격렬하게 저지한 개념적 요구는 삶의 근본현상과 대립하여 삶 자체 안에 놓여 있는 것과는 다른 "설명근거"를 묻는 것이다. 그래서 그는 일찍이 이탈리아에서 다음과 같이 편지를 써보냈다. "플라톤은 자신의 학교 안에 '기하학을 모르는 자(ἀγεωμέτρητον)'를 받아들이지 않았습니다. 내가 학교를 만들 상황에 있다면, 나는 어떻든 자연연구를 진지하면서도 본격적으로 선택하지 못하는 사람을 받아들이지 않을 것입니다. 최근에 저는 취리히 예언자가 선보인 불쾌하기 짝이 없는 카프치노 교단의 사도와 같은 연설에서 어처구니없는 말을 발견했습니다. '생명을 갖는 모든 것은 자신의 밖에 있는 것을 통해 살아간다.' 대충 이런 투의 말입니다. 이교도 선교사는 이제 그처럼 그것을 써 보낼 수 있습니다. 변경하려고 할 때 수호신이 그의 소매를 잡아당기지 않을 것입니다."026 //S. 417// 괴테가 이러한 방식으로 삶의 실제에 머물러 있으면서, 자신은 플라톤의 이론이 처음부터 마지막까지 추구하였던 그러한 변증론을 넘어서고 있다고 생각했다. 즉 괴테는 자연을 순수하게 직관하는 가운데, 통일성과 다양성, 정지와 운동의 대립을 해소하고 지양하고 있다고 생각했다. 왜냐하면, 모든 유기적인 사건을 지배하는 규칙은 확고한 것이고 영원한 것이지만, 그럼에도 동시에 그러한 규칙은 너무나 생생하여, 존재가 규칙을 넘어

---

026 괴테, 『이탈리아 여행』, 1787년 10월 5일, 알바노.
       역주) 여기에 언급된 취리히 예언자는 라파터로, 스위스의 신학자이자 철학자이다. 괴테는 이 편지에서 라파터와 같은 자들은 지극히 단순하고 기초적인 자연의 진실조차도 파악하지 못하는 자들이라고 비난하고 있다.

서지 않으면서도 규칙의 내부에서 스스로 바뀔 수 있을 정도이기 때문이다.[027] 그럼에도 괴테의 방식 역시 여기에서 모든 생물학적인 **형이상학**과 원칙상 분리되어 있다. 왜냐하면, 괴테는 삶의 개념 안에서 최종적인 해결이 아니라 오히려 단지 궁극적인 최고의 **문제개념**을 수중에 지니고 있음을 의식하고 있기 때문이다. 그는 아주 구체적으로 개별적인 자연형태들과 그것들의 관계를 직관하는 것에서 시작한다. 그의 경우에 그러한 직관 속에서 모든 살아있는 것들의 통일성과 변함없는 차이성의 비밀이 숨겨짐과 동시에 드러나고, 은폐됨과 동시에 계시가 된다. 그러나 이제 바로 이처럼 명백하게 직관할 수 있는 형태가, 예를 들면 인간의 모습―로마에서 그에게 있어서 모든 인간의 행위와 이해의 최상의 것이며, 우리에게 잘 알려진 모든 사물의 핵심으로 본 인간의 모습―이 직접 그를 바라봄과 파악의 한계로 이끈다. 왜냐하면 "우리는 유기적인 자연을 통일성 외에는 고찰할 수 없으며, 우리가 자신을 통일성 이외로는 결코 생각할 수 없으므로, 우리에게 필연적으로 두 가지 견해가 강요된다고 생각한다. 그래서 우리는 우리 자신을 때로는 감각에 떨어진 존재로 간주하고, 때로는 단지 내적인 감각을 통해서만 인식되거나 내적인 감각의 작용을 통해서 언급될 수 있는 존재로 간주한다."[028] 따라서 이러한 견해들의 이

---

027 괴테, 「철학적 동물학의 원리들」(바이마르 판, 괴테전집, 제2부, 『자연과학론』, 제7권), p. 189 이하.

028 괴테, 「식물들의 생리학을 위한 사전작업」(바이마르 판, 괴테전집, 제2부, 『자연과학론』, 제6권), p. 297.

중성은 외부로부터 인위적인 반성을 통하여 삶의 현상에 접근해 온 것이 아니다. 오히려 이러한 이중성은 삶 현상 그 자체에 내재적이고 필연적인 것이다. 만일 우리가 식물의 성장의 궁극의 법칙을 발견하는 열쇠로 특정한 유기적인 구조의 통일성, 예를 들면 근원 식물에 대한 사상을 활용한다면, 그럼에도 동시에 염두에 두어야만 할 것은 직접적으로 잘 알려진 것인 형태로부터 시작하여, 어떻게 우리가 이렇게 잘 알려진 것 자체를 수수께끼로 삼고, 문제로 삼았는가 하는 것이다. 왜냐하면, 보이지 않는 즉 고요 속에서 영원히 활동하는 삶을 생각하려는 모든 시도는 하나의 문제에 도달함이 틀림없기 때문이다.[029] "이념은 공간과 시간으로부터 독립되어 있으나, 자연연구는 공간과 시간 안에 한정된다. 그 때문에 이념에서 동시적인 것과 계기적인 것이 가장 밀접하게 결합하고 있는 반면에, 경험의 입장에서는 항상 분할되어 있다. //S. 418// 그리하여 우리가 이념에 기초하여 동시적이**자** 계기적으로 생각해야만 하는 자연의 작용은 우리를 일종의 광기로 빠져들게 한다. 오성은 감성이 그에게서 분리하여 전달한 것을 통합된 것으로 생각할 수 없다. 그래서 오성이 파악한 것과 이념화된 것 사이의 모순이 줄곧 해결되지 않은 채 남아 있다."[030]

여기에서 우리가 알게 되는 것은 괴테가 플라톤의 이데아 개념에 특유의 운명을 부여하는 것처럼 보인다는 것이다. 그가 전적으로 자연의 직관에서, 생성하는 것의 직관에서 플라톤의 이데아 개념을 고

---

029   괴테, 『잠언과 성찰』, Nr. 616(함부르크 판, Nr. 417) 비교.

030   괴테, 「사색과 순응」(바이마르 판, 괴테전집, 제2부, 『자연과학론』, 제11권), p. 57.

수하면서 이념과 현상 간의 분할을 극복하고자 할 때, 이념 자체는 다시 모순 속으로 끌려 들어가는 것으로 보이며, 틀림없이 모든 이율배반에 시달리고 있는 것으로 보인다. 플라톤은 본래 이러한 이율배반들의 해결을 위해서 이념을 규정하였다. 그러나 이제 바로 여기에서 괴테의 플라톤주의의 근본 모티프 중 하나가 가장 분명하게 그 모습을 드러낸다. 플라톤은 감성적인 사물들의 모순으로부터 순수한 개념의 왕국으로 달아났는데, 순수한 개념들 안에서 존재하는 것의 진리를 인식하기 위함이었다. 로고이(λόγοι)의 왕국, 즉 "형체 없는 형상들"031의 왕국은 유일하게 감각과 상상력의 기만에 대해서 보호해 줄 수 있었다. 그러나 예술가에게 있어서 예지적인 것으로의 이러한 전향, 즉 현상 전체를 초월하려는 이러한 도피는 거부된다—왜냐하면 예술가가 생성의 가상을 인식하고 알게 될 때도 역시 그에게 있어서 생성의 가상은 "진정한 가상(wahrer Schein)"으로 남아 있기 때문이다. 만일 그가 자신의 고유한 내적인 정신적 세계를, 형성의 세계를 파괴하지 않으려 한다면, 진정한 가상은 그가 틀림없이 달라붙어 있는 것이자 다시금 되돌아갈 곳이다. 그래서 그가 순수하게 이론적인 측면에서 다가설 때는 해결되기 어려운 것으로 보였던 모순이 여기에서, 즉 그가 이러한 자신의 고유한 세계를 고수할 때야 비로소 그에게서 진정으로 해결된다. 괴테는 일찍이 이념과 경험이 어떻게 최상으로 결합하느냐는 물음에 실천적(praktisch)이라고 하는 오

---

031 [플라톤, 『소피스트』(Sophistes) 246B]

직 **하나**의 답만을 줄 수 있음을 알고 있었다고 말했다.[032] 우리가 여기에서 처한 맥락을 볼 때, 괴테에게 있어서 가장 심오한 의미에서 이러한 권고와 이러한 구호가 무엇을 의미하는지 비로소 완전히 파악할 수 있다. 중요한 것은 단순한 어떠한 행위를 외적이고 평범하게 실천하는 것이 아니라 오히려 순수한 창조의 실천인 것이다. 여기에서 "실천적인 것"의 개념은 가장 일반적인 아리스토텔레스적인 의미에서의 "제작적인 것(Poietischen)"이라는 개념을 포괄하지만, 이 개념은 동시에 괴테에게 있어서 그의 특수한 세계, 즉 시의 세계와 가장 가까운 관계를 내포하고 있다. 자연형태에 대한 고요한 고찰, 즉 수동적인 파악이 결국 우리를 이론적인 이율배반으로 이끌고, //S. 419// 동시적인 것과 계기적인 것을 하나로 정립하려는 사상은 결국 "일종의 광기"로 바뀌지만, 형태화되어 주어진 세계에서가 아니라 형태를 형성하는 과정 자체에서 오고 이러한 과정 안에 사는 예술가는 이러한 대립이 완화되는 것을 느낀다. 이론적인 사상이 두 견해 사이에서 한결같이 극적 대립을 이루며 이리저리 흔들리는데, 이러한 두 견해는 형식을 "감성적인 것"이라고 보는 견해와 단지 "내적인 감각을 통해서 인식될 수 있는 것"[033]이라는 견해가 이제 유일무이한 것으로 해소된다. 왜냐하면, 여기에서 파악할 수 없는 것이 실행되고 있기 때문이다. 예술작품의 경우 순수한 정신적인 직관에서, 즉 형성의 내적인 활동에서 생겨난 존재가 우리와 마주한다. 그럼에도 이러한 활동은 자기 자신

---

032 괴테, 「식물의 생리학을 위한 사전작업」, p. 358.

033 [앞의 책, p. 417, 각주 144]

의 법칙과 필연성에서 감성적인 구체화를 **촉진한다**. 그리하여 여기에서부터 즉 자연이 창조한 것들에서가 아니라 예술가가 창조하는 것에서, 괴테가 "고대와 새로운 시대의 관념론자에게"[034] 특히 플라톤과 플로티누스에게 이의를 제기한 것이 무엇인지 비로소 완전히 명백해진다. 즉 정신적인 형식이 현상 속에 나타날 때, 정신적인 형식은 절대 줄어들지 않는다는 것이다. 이것은 정신적인 형식이 현상에 나타나는 것은 진정한 산출, 진정한 증식이라는 것을 전제한다.[035] 왜냐하면 "우리 인간들은 연장과 운동에 의존하기"[036] 때문이다. 그런데도 동시에 모든 인간적인 능력의 원천이 이러한 인간적인 조건 속에 놓여 있는데, 이러한 인간적인 조건은 가장 확정적이고도 가장 의미심장하게 예술가에게 나타난다. 추상적인 사상가, 형이상학자는 현상들의 배후에서 존재 궁극의 근거들로 거슬러 올라가기 위해서는 현상들의 감성적인 표면을 던져버릴 수 있다. 그러나 예술가는 이러한 한정되고 폐쇄된 영역 안에서 살지만 그러한 영역과 함께 동시에 자기 자신을 포기할 수도 있다. 예술가가 자신의 삶을 "삶의 상(Bild)"[037]에 내맡길 수밖에 없다는 것, 이러한 형상에서야 비로소 그가 진정으로 자신의 삶을 소유한다는 것, 바로 이것이 예술가의 운명이자 사명이다. 괴테가

---

034 [괴테, 『잠언과 성찰』, Nr. 642]

035 괴테, 『잠언과 성찰』, Nr. 643(함부르크 판, Nr. 892); 카시러, 「괴테의 판도라」, 『이념과 형상』, 베를린 21924, pp. 7—31 비교.

036 [괴테, 『잠언과 성찰』, Nr. 643(함부르크 판, Nr. 892)]

037 [괴테, 「쉴러의 종에 대한 에필로그」(괴테전집, 제1부, 제16권, pp. 163—168), p. 167]

언젠가 「디드로의 화가에 관한 시론에 붙인 주석」에서 말했듯이, "예술은 자신의 폭과 깊이에 있어서 자연과 경쟁하도록 위임받지 않았다. 예술은 자연의 현상의 표면에 의존하고 있다. 그러나 예술은 자신의 고유한 깊이와 고유한 위력을 가지고 있다. 예술은 법칙적인 것을 이러한 피상적인 현상들 속에서 인정하면서, 그러한 현상의 최고의 계기를 고정한다."[038] //S. 420// 아마도 괴테가 플라톤주의와 합류함과 동시에 플라톤주의로부터 분리되는 점이 여기만큼 분명하게 나타난 곳도 없다. 괴테는 미 역시 진정한 것, 합법적인 것의 표현으로 파악한다. 자연법칙적으로 진정한 것으로서 동기 유발될 수 없는 것은 어떤 것도 자연 안에서 아름다울 수 없다는 자신의 근본적인 확신을 명확히 말하고 있다. "미는 이러한 현상들 없이는 우리에게 영원히 비밀에 싸인 채 머물러 있을 비밀스러운 자연법칙의 표명이다."[039] 그럼에도 불구하고 미는 다른 어떤 것으로도 측정할 수 없고 다른 어떤 것을 통해서도 대체할 수 없는, 자신의 내적인 진리를 가지고 있는데, 이러한 진리가 바로 상의 진리, **현상**의 최고 계기들의 진리인 것이다. 플라톤주의는 상의 이러한 진리를 인식하지 못한다. 그리고 그 때문에 예술가 플라톤은 철학자로서, 이데아론의 사유가로서 예술을 포기하지 않을 수 없었다. 왜냐하면, 예술은 자연에서 이데아로, 모상에

038　[괴테, 「화가에 대한 디드로의 시도」, 번역하고 주석을 덧붙임(괴테전집, 제1부, 제45권, pp. 245—322), p. 260]

039　괴테, 『잠언과 성찰』, Nr. 183(함부르크 판, Nr. 719). 또한 에커만, 『괴테와의 대화』, 1826년 6월 5일(『대화집』, 제3권, p. 272 이하: p. 273) 참조.

서 원상으로 나아가지 못하고 오히려 모상의 단순한 모상에만 머물러 있기 때문이다. 그래서 사람들이 주장하듯이, 플라톤은 자신의 인식론에는 구속되지 않았지만, 예술론에서, 모사론에서는 헤어나지 못했다. 그는 여기에서 예술을 "자연의 모방"[040]이라고 보는 견해에 그 근거를 두었다. 괴테는 이러한 견해에 대해 투쟁했으며, 이러한 견해에 "양식"을 예술적인 창조의 근본능력과 근원적인 능력으로 보는 자신의 고유한 견해를 대립시켰다.

그러나 이제 괴테가 자신의 방식대로 연구하고 알고 향유하기 위해 "오로지 상징만을 의지"해야 된다는 것을 자기 자신의 관점에서 인정하고 있는 것과 같이,[041] 그는 이러한 측면에서도 역시 플라톤주의의 근본적인 사상이자 핵심이 되는 사상을 가장 명확하게 파악했으며, 내적으로 습득하였다. 플라톤 자신은 자신의 이론을 표현하기 위하여 잊을 수 없는 불후의 위대한 두 가지 상징들을 만들어냈다. 그것들은 알기 쉬운 위치에 인접해 서술되어 있는데, 즉 『국가』에서 묘사되고 있는 좋음의 이데아와 태양의 비교, 동굴의 비유이다. 존재의 피안으로서 좋음의 이데아는 모든 적절한 인식에서 벗어나 있다. 우리는 비유와 상으로 좋음의 이데아를 암시할 수 있을 뿐이다. 예지적인 왕국의 좋음의 이데아는 가시적인 왕국의 태양과 같다. 태양이 모든 사물을 위한 가시성의 조건이자 원천일 뿐만 아니라 모든 사물을 낳고 키우는 것과 같이, 좋음 역시 존재근거이며 동시에 인식근

---

040 [괴테,「자연의 단순한 모방, 마니에르, 양식」(괴테전집, 제1부, 제47권), pp. 77—83 비교]

041 괴테,「레파덴」(괴테전집, 제2부, 제8권, pp. 255—259), p. 259 참조.

거로 생각될 수 있다. 즉 모든 존재의 근원이자 모든 지식의 근원으로 생각될 수 있다. //S. 421// 그래서 그 때문에 가시적인 것들의 영역에서 눈과 빛이 태양과 같지만, 태양 자체가 아닌 것처럼 순수한 사상영역에서도 인식과 진리는 좋음의 특성을 가지지만 좋음 자체는 아니다. 오히려 좋음의 본성과 성질들은 인식과 진리보다 높게 평가될 수 있다. 그러나 존재와 지식의 최상위로 인간을 데려갈 수 있는 것은 어떠한 황홀경도, 어떠한 직접적인 바라봄도 아니다. 오로지 점진적인 상승만이 그렇게 할 수 있는데, 그것은 감성적인 것으로부터, 믿음(πίστις)과 개연성(εἰκασία) 영역으로부터 시작하여 사고와 추론(διάνοια)의 영역 그 위로 나아가, 결국 모든 사유의 조건들과 제한들의 피안에 있는 궁극의 무제약적인 것(ἀνυπόθετον)에서 마치게 된다. 감성적인 인간은 머리와 발이 결박된 채 지하의 동굴에서 사는 인간과 같다. 그 동굴에는 결박된 자의 등 뒤로 빛이 들어오는 유일한 통로가 있을 뿐이다. 그가 본 것은 빛 자체가 아니고 가시적인 대상의 윤곽도 아니고 단지 동굴의 뒷벽에 드리워진 그러한 대상들의 그림자일 뿐이다. 그렇지만 순수한 사유에, 수학적인 추론과 증명의 영역에 도달한 사람은 그럼으로써 처음으로 바라봄의 본래의 영역에 발을 들여놓는다. 그러나 여전히 그는 태양 자체가 아니라 오히려 단지 태양이 비추고 있는 개개의 사물들 속에 드리워진 태양의 반영만을 보고 있으며 아직도 여전히 바라봄의 원천이 아니라 가시적인 것만을 파악한다. 우리가 추론(διάνοια)에서부터 지성(νοῦς)으로, 한정된 가설적 정립에서부터 최종조건에, 추론적 사고에서 변증법에 도달할 때야 비로소 이러한 인식의 최종적인 제한도 역시 사라진다. "만일 이제 결박된 자가 있어서, (……) 만일 사람들이 그가 빛 자체를 볼 수 있도록 한다면, 그는 눈이 아파서, 그것을 피해, 볼 수 있는 쪽으로 눈을 돌리게 된다. (……) 그리고 그는 처음에 가장 쉽게 그림자를 인식하게 되고, 그 이후에 물에 비친 인간들과 다른 사물들의 상들을, 그리고 나서 비로소 그것들 자체를 인식하게 된다. 그리고 마찬가지로 그는 밤에는 하늘에 있는 것, 그리고 하늘 그 자체를 즐거이 관찰하게 될 것이며 마치 낮에 태양과 그 빛 안에서 그러한 것처럼 달빛과 별빛을 보게 될 것이다. (……) 그러나 마침내, 내가 생각하기에, 그는 태양 그 자체를, 즉 물 혹은 다른 곳에 비친 태양의 그림자들이 아니라, 태양의 본연의 장소에서 태양 자체를 응시하고 고찰할 수 있게 될 것이다."[042]

//S. 422// 플라톤의 『국가』에 나타난 이러한 서술은 거의 괴테 자신이 말한 그러한 위대한 모티프들에 속한다. 그만큼 그러한 모티프들은 그에게 깊은 인상을 남겼는데, 그는 그러한 모티프들을 지속해서 수십 년간 생생하면서도 활동적인 상태로 내면에 지니고 있었던 것으로 보인다.[043] 이러한 모티프의 최초의 성과가 1808년의 『색채론의 기획』 서론이다. "눈은 자신의 현존을 빛에서 생각해야만 한다. 빛이 둔감한 동물의 보조기관들로부터 자신과 동일한 하나의 기관을 생성시킨다. 그리하여 눈은 빛과 만나면서 빛을 위한 기관으로 형성

---

042 플라톤, 『국가』 515C—516B.

043 괴테, 「재치있는 한마디 말을 통한 의미 있는 지원」(바이마르 판, 괴테전집, 제2부, 『자연과학론』, 제11권), p. 60.

되며, 이로써 내부의 빛과 외부의 빛은 서로 감응하게 되는 것이다. 여기에서 우리는 고대의 이오니아학파를 기억하게 된다. 고대의 한 신비주의자의 말에서와 마찬가지로, 그들은 같은 것으로부터만 같은 것이 인식될 수 있노라고 아주 의미심장하게 반복해서 말했던 것이다. 고대의 한 신비주의자의 말을 독일어 시구로 다음과 같이 번역해 보기로 하자.

눈이 태양과 같지 않다면
우리는 빛을 어떻게 볼 수 있겠는가?
우리 속에 신 자신의 힘이 살아 있지 않다면,
신성이 우리를 어떻게 매혹하겠는가?[044]

괴테가 여기에서 가리키고 있는 고대 신비주의자는 플로티누스이다. 괴테는 플로티누스의 『엔네아데스』를 바로 그 전에 읽었고 이 시기 이후로 종종 젤터와의 편지 교환에서 이러한 명칭으로 플로티누스를 언급했다. 그러나 이 지점에서 플로티누스의 설명은 단지 플라톤적인 것을 고쳐 쓰거나 연장한 것에 불과했다. 그러나 우리가 직접 이러한 플라톤적인 것으로 되돌아오게 되는 것은 플라톤의 근원적 모티프를 괴테의 가장 깊고 가장 무르익은 뚜렷한 각인에서, 즉 『파우스트』 2부의 첫 부분에서 재발견하게 될 때이다. 우리는 잘 알려진 부분, 즉 파우스트의 성스러운 첫 번째 독백을 상기할 필요가 있다.

044 [괴테, 『색채론』, 교육적인 부분(인접 분야들과의 관계)(괴테전집, 제2부, 제1권), p. 31]

파우스트가 떠오르는 태양을 향해 얼굴을 돌리고, 그것의 상을 점점 더 순수하게 자신 안으로 받아들이려고 노력한다. 그리하여 태양이 솟아오르는 것을 더욱더 멀리까지 좇아가려 한다. 그러나 태양이 그 모습을 나타내자 그는 눈이 고통스러워 얼굴을 돌리지 않을 수 없다.

"이런 기분일까, 간절한 소망이
자신을 갖고 싸우고, 최고의 소원에 다가서서
실현의 문이 활짝 열려 있는 것을 본다면.
그런데 저 영원한 밑바닥에서
불길이 줄기차게 솟아오르기 때문에 우리는 깜짝 놀라 우뚝 선다.
생명의 횃불에 불을 붙이려고 생각했는데,
불바다가 우리를 둘러싼다. 얼마나 굉장한 불이냐?
사랑인가? 미움인가? 저 맹렬하게 불타면서 우리에게 달라붙는 것은,
괴로움과 기쁨이 번갈아가며 엄습하기 때문에
우리는 또다시 대지에다 눈길을 돌린다.
가장 활기찬 베일 속으로 숨으려고,

그럼 태양아, 내 등 뒤에 있어다오!
바위틈을 뚫고, 우렁차게 쏟아지는 폭포를
지켜보고 있노라면, 나의 미칠 듯한 기쁨은 점점 더해간다.
잇달아 쏟아져 내려오는 폭포는 이제
몇천 갈래의 거센 물결이 되어 흐르면서
하늘 높이 물방울을 튀기며 거품을 올린다.

그런데 이 물보라에서 생겨나 하늘에 걸쳐지는

다채로운 무지개의 변화불변의 모습은 정말 장관이다.

뚜렷하게 그려지는가 하면 공중으로 사라지며

향기롭고 서늘한 소나기를 내리게 한다.

"이 무지개야말로" 인간의 노력을 비춘다.

그것을 잘 생각해보면 더욱 잘 알 수 있다.

색채로 물든 반영을 우리는 삶이라 여기는 것이다."[045]

여기에서 이전에 사상적인 각인을 띠고 우리에게 나타난 각각의 개별 모티프가 순수한 예술적인 상으로 존재하며, 즉 여기에서 그것은 울림과 리듬이 된다. 그리고 확실히 이제부터 플라톤주의로 향한 괴테의 입장에서 순수한 예지적인 모티프 또한 더욱더 분명해진다. 괴테와 플라톤이 걸어간 것으로 보이는 동일한 길이 동일한 목표를 향하고 있지 않은 것이 또다시 드러난다. 플라톤도 역시 태양과 엄청나게 일어나는 태양의 불꽃을 직접 들여다보려고 시도한다면, 인간의 눈에 일어나는 위험과 고통을 알고 있다. 그러나 그는 눈이 이러한 과도함에 익숙해지라고 요구한다. //S. 424// 확실한 상승(ἄνοδος)과 "방법"(μέθοδος)이, 감성적인 것에서 수학적인 지식, 추론적인 지식의 영역을 지나, 최고의 변증법적인 인식에, 순수한 본성의 영역에, 최대의 지식(μέγιστον μάθημα)으로서 좋음의 이데아에 이를 때까지 우리를 인도해야 한다. 파우스트도, 괴테도 역시 어머니들을 찾아 감히 인

---

045 [괴테, 『파우스트』, 2부, p. 6 이하]

적이 없는, 밟힌 적이 없는 길을 간다. 그러나 그가 이미 인류의 모든 한계의 피안에 서 있는 것으로 보이는 여기에서, 다시금 가장 깊고 순수한 인간적인 감정이 그를 사로잡는다. 여기에서 그는 전율이 인류의 최선의 부분임을 경험한다. 그리하여 그는 다시 대지로 시선을 되돌리는데, 가장 활기찬 베일 속에 숨기 위함이다. 그 자신을 숨길 줄 알게 된 이러한 대지의 베일은 괴테가 「헌시」에서 진리의 손에서 잉태한 시의 베일이라고 묘사한 것과 동일한 것이다. 예술에서 비로소 괴테는 세계에 진정으로 멀고도 진정으로 가까운 것을 부여한다. 언젠가 괴테는 말했다. "인간은 예술에 다가가는 것보다 확실하게 세계를 벗어나지 못한다. 또한, 인간은 예술에 다가가는 것보다 확실하게 세계와 관련을 맺지 못한다."046 우리가 더는 감성적인 것의 영역에 서 있지 않지만 그런데도 여전히 전적으로 직관적인 것의 한계에 처한 여기에서, 괴테는 진정으로 이념적인 것을 파악한다. 형태론에 관한 논문들에서 다음과 같이 서술한다. "이념은 경험 속에서 묘사될 수도, 입증될 수도 없다. 이념을 소유하지 않는 자는 현상의 어디에서도 이념을 알아보지 못하며, 이념을 소유한 자는 쉽게 현상을 넘어가는 것이 익숙해지고, 그 너머로 멀리 내다보고, 심장을 확장한 후에도 물론 자신을 잃지 않도록 다시금 현실로 되돌아오는데, 자신의 전 생애를 통하여 번갈아 잘 수행한다."047 그것이 괴테가 예술가와 마찬가지로 연구자로서 간 길로, 그 길은 그의 모든 이론적인 개념들을 표

046　괴테, 『잠언과 성찰』, Nr. 52(함부르크 판, Nr. 737).

047　괴테, 「경과」, 『식물학』(바이마르 판, 괴테전집, 제2부, 『자연과학론』, 제6권), p. 226.

현하고자 시도했던 것일 뿐이었다.

　이러한 배후관계를 가장 분명하고도 가장 명확하게 각인하고 있는 것은 괴테가 자연연구를 위하여 발견했던 이론적인 주요개념이자 근본개념인 근원현상(Urphänomen)이라는 개념이다. 그 **말**의 형성을 플라톤적인 척도에서 본다면, 그것은 이미 역설적이다. 왜냐하면, 플라톤에 따르면, 현상의 변화 가능성과 무한한 상대성 안에는 진정으로 근원적인 것이 존재하지 않고, 오로지 철두철미하게 한정되고 매개된 것만이 있을 뿐이다. 근원적인 것에 이르기 위해서는 플라톤에 따르면 우리는 "다른 종류의 원인"[048]을 찾아내야만 한다. 우리는 사물들(πράγματα)을 버려야만 하고, 순수한 개념들(λόγοι)에서 "존재하는 것의 진리"[049]를 파악해야만 한다. //S. 425// 반대로 괴테의 경우에 근원현상의 개념은 궁극적인 종합을 의미한다. 왜냐하면, 근원현상의 개념에 바라봄의 내용과 동시에 그 한계가 나타나기 때문이다. 물론 그러한 한계 앞에서 불안에 이르는 일종의 겁이라는 감정이 우리를 엄습한다. 감성적인 인간은 경탄 속에서 그러한 감정에서 구제된다. 단순히 반성적인 인간도 역시, "원인"에 대한 모든 질문이 중단되는 여기에서, 자신의 사유의 근본 형식에 맞게 여전히 매개와 추론을 시도한다. 즉 "활동적인 중개자 오성"도 마찬가지로 자신의 방식으로 다시금 가장 고귀한 것과 가장 통속적인 것을 매개하는 일을 하고 있기 때문이다. 그러나 여기에서 비로소 진정으로 이념적인 인간,

048　[플라톤, 『파이돈』 98A]

049　[플라톤, 『파이돈』 99E]

즉 예술가이자 연구자는 진정으로 안전하다고 느낀다. 그는 어떤 다른 높은 것으로도 솟구쳐 오르려 하지 않고 오히려 여기에서 바라봄의 가장 심오하면서도 고유한 평온을 누린다. 마치 태양의 빛이 무지개에서 나타나듯이, 이제 그것의 단순함 안에서는 파악할 수 없는 것이 수천의 다양한 현상들 속에 모든 가변성을 띠고 변함없이 나타난다. "물리학자가 (……) 우리가 근원현상이라고 부른 것과 같은 인식에 도달할 수 있다면 그는 안전하며, 철학자도 그와 마찬가지이다. 물리학자는 자신의 학문의 한계에 도달했다고, 즉 경험적으로 최고 높이에 있다고 확신하기 때문이며, 거기에서 그가 돌아보면 모든 단계의 경험을 개관할 수 있으며, 앞쪽을 보면 아직 들어서지 못한 이론의 왕국을 통찰할 수 있다고 확신하기 때문이다. 철학자는 안전하다. 왜냐하면, 그는 물리학자의 손에서 최후의 것을 받아들이는데, 이 최후의 것이 그의 경우에는 이제 최초의 것이 되기 때문이다."[050]

그러나 물리학자의 "최후의 것"과 철학자의 "최초의 것"이 지니는 그와 같은 관계는 이제 다시금 새롭고 깊은 의미에서 괴테로부터 플라톤에게로 우리를 되돌아가게 하는 것으로 보인다. 좋음의 이데아를 태양과 비교하고 있는 『국가』의 동일한 부분에서 플라톤이 변증법, 즉 철학이 개별 학문들과 맺는 관계를 언급하고 있는 고전적이고

---

050 괴테, 『색채론』, 교육적인 부분, p. 287. 또한. 괴테, 「경과」, S. 221. 그리고 괴테, 「칼 빌헬름 로제」(바이마르 판, 괴테전집, 제2부, 『자연과학론』, 제9권, pp. 183—195), p. 195 참조.

근본적인 설명을 괴테가 읽지 않았을까? 수학을 포함하는 개별 학문들은 자신들로서는 어떠한 폭넓은 해명도 해줄 수 없는 특정한 전제, 특정한 가설로부터 시작하여, 이러한 전제를 추론과 결론 속에서 발전시킨다. 이때 이러한 전제는 감성적인 것을 따르고 있고 상과 상징들을 사용하고 있기 때문이다. //S. 426// 그러한 변증법은 처음에 전제를 야기하지 않고, 오히려 전제 속에서 말하자면 도약판으로서 진정으로 근본토대만을 본다. 변증법은 거기에서 더 높이 올라가서, 최후에는 전제조건이 없는 시초에 도달하고자 한다. 그러나 변증법이 이러한 시초를 파악했다면, 이러한 시초와 관계를 유지하면서 나중에는 다시금 최종목적으로 거슬러 올라간다. 그러나 이때 변증법은 감성적으로 지각할 수 있는 것을 절대로 사용하지 않는다. 오히려 그것은 이데아들 바로 그 자체를 사용하고 또한 그것들에서, 즉 순수한 이념들에서 끝난다.[051] 어쨌든 플라톤도 역시 "상승"에 "하강"을 병치한다. 그러면 플라톤 자신은 자신의 체계 내에서, 바로 그러한 관계를 명확하게 표현해야만 하는 기초적인 개념을 명백하게 나타내지 못했는가? 이러한 물음은 플라톤 전문가에게 이미 오랫동안 자주 떠올랐음이 틀림없다. 이데아와 현상의 "분리"의 근본사상 외에도 "관여"의 사상은 병치되어 있지 않은가? 분리(χωρισμός)의 모티프는 자신의 진정한 형상과 자신의 원칙상 의미를 관여(μέθεξις)의 모티프를 통해서야 비로소 받아들이는 것이 아닐까?[052] 관여의 모티프는 분리의 모티

---

051 플라톤, 『국가』 510B 이하.

052 플라톤의 μέθεξις에 관한 전체 문제의 경우에 에른스트 호프만의 탁월한 설명을 참조
     하라(Ernst Hoffmann, Methexis und Metaxy bei Platon, in: Sokrates. Zeitschrift für das

프에 대립하지만, 그런데도 그것과 불가분의 상호관계 속에 있다. 만일 그렇다면, 우리에게 이제까지 플라톤의 근본견해와 괴테의 근본견해 간에 주어져 있던 대립 역시 그와 같은 점에 의해 화해되지 않겠는가? 그러나 그러한 모든 질문에 대하여, 곧바로 플라톤의 경우에 현상이 이데아에 "관여"한다는 개념은 괴테와는 특별히 다른 의미를 지닌다고 대답할 수 있다. 플라톤에 따르면, 만일 현상과 이데아 사이에 양자를 서로 연결하는 "중간" 영역이 없고, 그럼으로써 중간 영역을 통해서 모든 것이 비로소 진정으로 "통일성으로 결합할 수" 없다면, 이러한 "관여"는 있을 수 없다. 플라톤의 경우 수학적인 것 (τὰ μαθηματικά)이 생성과 존재의 세계 사이에, 다양성과 통일성의 세계 사이에 있다. 왜냐하면, 기하학을 발생시키는 순수한 형상들의 세계, 산술을 발생시키는 수들의 세계가 통일성과 다양성에, 한정과 무한정에 참가하기 때문이다. 기하학에서 무한하면서 그 자체로 형상이 없는 하나의 공간이 확고하게 서로를 한정하는 형상들의 다양성으로 세분되는 것과 마찬가지로, 다양성으로 펼쳐지는 통일성, 그런데도 통일성 속에 머물러 있는 다양성은 모든 수 규정의 원리인 것이다. //S. 427// 그 때문에 여기에서 존재와 생성의 두 가지 최종목적들은 통합된다. 여기에서 인식은 전적으로 하나의 것도 전적으로 다양한 것도 아닌, 오히려 하나를 통한 다양한 것의 규정을 대상으로 하는 것이 가능해진다. 한정과 무한정 사이에 "어느 정도 양(ποσόν)"이

Gymnasialwesen, Neue Folge, 7. Jg., 73(1919), darin: Jahresberichte des Philologischen Vereins zu Berlin, 45. Jg., S. 48—70.

라는 중간 영역이, 순수한 양의 영역이 나타난다. 그리고 이와 같은 것을 통해서 이제 자연도 역시 이념의 새로운 의미 속에 나타나게 된다. 우리에게 있어 자연은 학문의 대상으로서, 수학적인 자연 "인식"의 대상으로서 대립하여 발생하기 때문에, 이미 전적으로 감각들에 속하고 그럼으로써 감성적인 지각의 무한한 상대성과 무규정성에, 기만과 가상에 속하는 것으로 보이는 자연은 새로운 의미를 받아들인다. 『파이돈』에서부터 『필레보스』와 『티마이오스』로 이어지는 길이 넓게 뻗어있다. 이제 수학을 매개로 해서 최고 이데아의 반영, 좋음의 이데아의 반영이 구체적인 세계에 주어진다. 구체적인 세계는 확고한 수적인 법칙에 따라 질서를 이루는 한, 그런데도 그것이 감성적인 "우주"인 한, 좋음에 관여한다. 그래서 별들은 영원한 법칙적 회전을 하는 가운데, 모든 피조물 가운데 가장 고귀하고 가장 이성적인 것을 형성한다. 마치 전체로서의 세계가 생성된 하나의 신인 것처럼, 별들은 눈에 보이는 생성된 신들인 것이다.[053] 그리고 최고 좋음은 감각들, 특별히 가장 고귀한 도구인 눈을 보증한다. 바로 감각들이 우리에게 이러한 신의 모습에 관여하게 하고, 그럼으로써 비로소 우리를 "언젠가 죽게 마련인 종족에게 신들이 부여하거나 부여할 수 있는 위대한 좋음"[054]의 학문, "철학"으로 이끄는 것이 최고 좋음의 본질이다. 그래서 이러한 가시적인 세계의 아름다움은 신적인 것으로 향하도록 자신을 북돋운다. 그런데도 최종적으로는 모든 가시

---

053 플라톤, 『티마이오스』 92B.

054 플라톤, 『티마이오스』 47A 이하.

적인 세계의 감성적인 아름다움은 자신의 수학적인 아름다움 외에는 다른 어떤 것에서도 기인하지 않는다. 그것은 수학적인 아름다움 외에 다른 어떤 것도 아니다. 이러한 우주는 전적으로 "형상과 수에 따라(εἴδεσι τε καὶ ἀριθμοῖς)"[055] 창조되기 때문이다. 그 때문에 이러한 우주는 아름다움에 관여하는 것이다. 그런 이유에서 플라톤의 경우에 5개의 통상적인 입체 기하학적 물체들이 우주의 모든 아름다움의 원상이자 밑그림들로서 존재한다. 그러한 입체 기하학적 물체들은 플라톤 학파에서 처음으로 발견된 것으로 그는 그것들에 따라 모든 가시적인 것들을 구성할 수 있었다. 이전의 자연철학이 처음으로 자연의 존재와 생성을 "원소들"로 환원시켰는데, 물, 불, 공기, 흙과 같이 직접적으로 감성적이고, 가시적이고 파악할 수 있는 형상을 띠고 있는 그러한 원소들을 현실의 최종적인 초석으로 간주했다. 그 반면에, 플라톤은 자신이 기초를 두고 있는 새로운 인식의 이상 때문에 이러한 설명에 머물러 있을 수 없었다. //S. 428// 『티마이오스』에서 언급하길, "이제까지 실상 아무도 불, 물, 공기, 흙의 근원에 대하여 해명하지 못했지만, 오히려, 누구나 불, 물, 등등이 무엇인지 의식하고 있는 것처럼, 우리는 그것들에 대하여 모든 것의 시원이라고, 모든 것들의 원소들(στοιχεῖα)이라고 말한다. 반면에, 조금이라도 이성적인 사람들이라면, 그것들이 문자가 아닐 뿐 아니라 음절과도 비교될 수 없는 것이라는 것을 안다. (……) 그런데도 우리는 더욱 충분한 규정을 통해서 여전히 더욱 날카롭게 사태에 도달해야만 하고 물어야만 한다.

---

055 [플라톤, 『티마이오스』 53B]

불이 그 자체로 존재하는가? 그처럼 또한 우리가 늘 익숙하게 개별적으로 그 자체로 존재하는 것으로서 표현하는 다른 모든 것은 존재하는가? 아니면 우리가 보기도 하고 우리가 어떠한 신체적인 감흥을 통해서 지각하는 사물들만이 단지 본래적인 실제성을 지닐 수 있을 뿐인가? 그리고 사실상 그 외에 다른 것은 가질 수 없는가? 만일 우리가 순수한 사상적인 형상을 각각 주어진 것에 대하여 정립하고 있다면, 그 경우에 그것이 진실로 단순한 이름 외에는 아무것도 아니라면, 그것은 공허한 기만일 뿐인가? (……) 이 경우에 나는 다음과 같이 판정을 내린다. 만일 이성과 진정한 의견이 두 가지 다른 인식방식이라면, 이데아는 그 자체로 존재해야만 하는 이데아가, 우리에 의해 지각될 수는 없지만 유일하게 사상 속에서만 파악될 수 있는 이데아가 존재해야만 한다는 것이다."⁰⁵⁶ 사람들은 여기에서 플라톤이 자신의 근본견해에 따라 걸어간 길을 분명하게 알게 된다. 이성 인식과 오성 인식이라는 개념에서, 변증법과 추론이라는 개념에서 그는 자연존재의 원소들을 완전히 새로운 방식으로 규정한다. 그가 그러한 개념에서 발견한 것은 이러한 원소들이 지각할 수 있는 실체들 혹은 성질들에서가 아니라 오히려 단지 순수한 수학적인 형상들과 수학적인 비례의 법칙성에서 추구될 수 있다는 것이다. //S. 429// 그리고 우리가 구체적인 세계의 아름다움이라고 부른 모든 것이 수학적인 형상들과 수학적인 비례의 법칙성에 기인하고 있다. 만일 우리가 신체의 외적인 현상과 신체의 가시적인 윤곽 속에서 신체에 근거하고 있

---

056 플라톤, 『티마이오스』 48B 이하 그리고 51B 이하.

는 내적인 척도와 수에 따른 규정성을 알아보게 된다면, 이미 우리는 신체를 아름답다고 말한다. 왜냐하면, 『티마이오스』에서 분명히 언급하고 있듯이, 모든 좋음은 필연적으로 아름다운데, 아름다운 것은 척도에 따라 배열되기 때문이다. "πᾶν δὴ τὸ ἀγαθόν καλόν, τὸ δὲ καλὸν οὐκ ἄμετρον."[057] 또한, 사유의 역사에서 최초로 충분히 분명하게 순수한 **미감적인** 만족의 개념을 확정하고 있고, 아름다운 색채와 형상들, 향기와 음조에 대한 즐거움을 "순수한" 즐거움이라고 설명하고 있는 『필레보스』에서도, 대다수 사람이 마치 살아있는 육체나 혹은 어떤 그림의 아름다움과 마찬가지로, 그처럼 말하는 것이 형상의 아름다움으로 규정될 수 없다는 점을 부가 설명한다. "오히려 나는, **이성**이 말하고 있듯이, 곧은 것, 둥근 것, 그리고 다시 이러한 것에서 만들어지고 법칙과 각도에 따라 규정된 평면과 회전하는 구체를 말하고 있다. (……) 왜냐하면 이러한 모든 것은, 다른 것처럼 단지 아름다운 어떤 것과 관계하는 데에서 아름다운 것이 아니고, 오히려 자체로, 그리고 자신의 본성에 따라 아름다운 것이며, 감각의 자극과는 아무런 관계도 없는 본래적인 그러한 즐거움을 제공하기 때문이다."[058]

우리는 여기에서 다시 괴테와 플라톤의 세계가 직접 접촉하고 있음에도 불구하고 양자의 차이가 좀 더 분명해지는 한 지점에 도달해 있다. 괴테의 경우에도 역시 미와 예술은 이념과 현상 간의 본래적인 매개자이다. 그가 언젠가 말하길, "예술은 진정한 중개자이다. 예술

057 플라톤, 『티마이오스』 87C. 특히 53E 참조.
058 플라톤, 『필레보스』 51C 이하. 특히 『국가』 583B 이하 비교.

에 관하여 말한다는 것은 중개자를 중개하려는 것을 의미한다."[059] 그도 역시 현상 안에 등장하는 법칙이 가장 큰 자유 속에서 자신의 가장 고유한 조건들에 따라 객관적인 아름다움을 만들어낸다고 표명한다.[060] 그리고 그의 경우에 분명하게 파악할 수 있는 형상들 속에서 본질을 인식하는 것이 우리에게 허용되는 한, 예술가의 양식은 인식의 가장 심오한 기반을, 사물들의 본질을 근거로 하고 있다. //S. 430// 가장 분명하게도 그는 합리주의자적인 정식화의 역설에 이르기까지 미와 진리의 이러한 관계를 강조한다. 예술은 그에게도 역시 비밀로 가득 차있지만 이해할 수 있는 또 다른 자연인 것이다. 왜냐하면, 예술은 오성으로부터 발원하기 때문이다.[061] 그러나 이러한 괴테적인 "오성"은 플라톤의 로고스가 아니다. 괴테는 현상의 배후에서, 수학적인 법칙을 추구하지 않으며, 우리가 공기, 불, 흙, 물이라고 명명하는 감성적인 지각의 특질들의 배후에서, 자연의 고정된 입체기하학의 근본형식들을 추구하지 않는다. 왜냐하면, 수들과의 분리는 괴테의 본성(자연) 안에 있지 않기 때문이다. 그가 추구하는 법칙은 현상 자체로부터 분리되어서는 안 되고 오히려 현상 자체를 최고의 모티프들에서 유지해야만 하며 표명해야만 한다. 여전히 그것은 현상들의 표면에서 새롭고 본래적인 깊이를 계시할 수 있어야만 한다. 직관 속

---

059 괴테, 『잠언과 성찰』, Nr. 413(함부르크 판, Nr. 18). 그리고, Nr. 384(함부르크 판, Nr. 729).

060 괴테, 『잠언과 성찰』, Nr. 1346(함부르크 판, Nr. 747).

061 괴테, 『잠언과 성찰』, Nr. 1105(함부르크 판, Nr. 722).

에 주어진 것을 정립하는 대신에 추상적인 수학적 사고의 형성물을 정립함으로써 이러한 표면을 파괴하는 사람은 이러한 깊이도 역시 파악할 수 없다. 따라서 괴테 역시, 천재에게 요구되는 최초의 것이자 마지막 것은 진리에 대한 사랑이라고 말한다.[062] 그의 진리, 즉 예술가의 진리는 객관화된 학문의 형식에서, 산술의 순수한 수들에서, 기하학의 순수한 형상들에서 표현되고 유지되는 것과는 다른 것이다.

그리고 여전히 다른 측면에서부터 물론 괴테와 플라톤의 동일한 근본관계가 파악된다. 플라톤은 그의 중기의 글들에서 가르쳐 주고 있는 것처럼, 개별적인 이데아들의 경직된 고립화에 머무르지 않는다. 오히려 그는 『파르메니데스』, 『소피스트』, 『필레보스』에서 충분히 비판적인 의식으로 그러한 고립화를 넘어서고 있다. 그 자체 안에 머물러 있으면서 자신으로부터 다양성을 배제하는 엘레아학파의 통일성 대신에, 이데아들의 내적인 다양성과 특수성이 그 자리를 차지한다. 엘레아학파의 "만유정지론" 대신에 **운동**이 순수 형식의 세계의 구축과 인식에서 필연적인 모티프라고 하는 이론이 등장한다. 그럼으로써 생성은 새로운 의미를 획득한다. 왜냐하면, 생성은 이제 더 이상 감성적인 지각의 영역에만 속하지 않고 오히려 예지적인 영역으로, 순수한 존재의 영역으로 나아가기 때문이다. "발생(Genesis)"은 더는 단순히 비규정성을 의미하지 않고, 오히려 규정으로 나아가는 길

---

062   괴테, 『잠언과 성찰』, Nr. 382(함부르크 판, Nr. 759).

을 의미한다. 즉 "존재로의 생성(γένεσις εἰς οὐσίαν)"[063]인 것이다. //S. 431// 이제 이데아의 왕국도 다시는 엄격하게 분리된 영역으로서 나타나지 않고 오히려 존재의 총체를 충족시키고 고무시킨다. 플라톤의 철학은 "이데아의 공동체"에서부터 **세계영혼**의 사상으로 나간다. 『소피스트』에서 말하길, "그러나 제우스에 맹세코, 어떻게 우리가 사실상 운동과 생명 그리고 영혼이 진정한 존재자에게 전혀 본질적이지 않다는 것을 쉽게 납득할 수 있는가? 즉 존재자가 사는 것도 아니고 생각하지도 않으며, 오히려 숭고하고 성스럽게, 그러나 이성도 없고, 운동도 없이 서있단 말인가?" 그리고 이러한 물음은 일단 제시된 후로 완전히 부정된다. 우주의 수학적인 질서는 최고의 지혜가 거기에서 지배한다는 것을 나타낸다. 그러나 지혜와 이성은 영혼 없이 존재할 수 없다. 그래서 그 때문에 제우스의 본성 안에, 우주의 본성 안에는 왕과 같은 영혼이, 왕과 같은 이성이 제1원인의 힘으로 거주하고 있다.[064] 보다시피, 그것은 플라톤의 이데아론이 갖는 내적 체계적인 문제이다. 플라톤은 이러한 이데아론의 내적 체계적인 문제로부터 생명론으로, 세계에 혼을 부여함으로 나아간다. 이미 『파이돈』에서 플라톤은 다른 이데아들, 즉 수학적이고 윤리적인 이데아들에 직선의 이데아와 동일성의 이데아, 올바름의 이데아와 미의 이데아, 생명의 이데아를 부가한다. 그런데 여기에서 이러한 이데아는 플라톤 영혼론의 심화에만 기여하는 것으로, 자연의 문제와는 여전히 직접

---

063 [플라톤, 『필레보스』 26D]

064 플라톤, 『소피스트』 248E 이하. 또한 『필레보스』 30C.

적인 관련이 없다. 이와 반대로 이제, 플라톤의 사유가 『파이돈』, 『국가』, 『테아이테토스』에서 논리적인 길을 끝까지 나아간 이후에, 그는 새로운 매개로 자연으로 되돌아간다. 인식을 그 구조와 타당성에서 파악하기 위해서, 플라톤은 **판단**의 근본문제와 근원문제에서부터 시작한다. 판단 속에서 개념들의 경직된 개별화의 가상이 해체된다. 판단 속에서, 진리와 그럼으로써 존재(οὐσία)는 **개별적인** 개념 그 자체에 도달하는 것이 아니라 오히려 단지 개념들의 **짜 맞춤**과 개념들의 **상호규정**에만 도달한다는 것이 분명해진다. 존재를 달리 인식해야 한다면, 한 개념이 다른 개념을 필연적으로 정립하거나 필연적으로 배제한다고 하는, 개념들의 그러한 짜 맞춤, 개념들이 맺는 그러한 연관과 그러한 분리는 없어서는 안 된다.[065] 그래서 그것은 관계의 논리적인 문제이며, 즉 판단에서 개념들의 관계와 결합의 문제인 것이다. 그러한 문제에서 플라톤의 경우, 운동의, 생성의 새로운 평가가 생겨난다. //S. 432//논리적인 우주는 물리적인 우주의 열쇠라는 특성을 가진다. 순수하게 자체로 수학과 변증법 안에서 깨닫게 되는 이성 법칙은 자신의 구체적인 모상과 대립을 모든 것의 이성 안에서 발견한다. 개념에서의 형식적인 합목적성으로부터, 플라톤은 사건들의 내용적인 합목적성으로 나아간다. 플라톤의 경우에 곧바로 개념의 형식들을 고립시키지 않으며, 죽은 집합으로 다루지 않고, 오히려 개념들 전체가 진정한 체계, 즉 유기적인 전체라고 보는 것이 변증가의 특징이다. 여기에서 그에게 있어서 부분에 대한 부분이 연이

---

065 플라톤, 『소피스트』 249A 이하.

어 있는 것이 아니고, 오히려 여기에는 자연에 적합한 중요한 계기와 분절들이 존재하는데, 그것들을 파악하는 것이 변증법의 과제이자 기술의 본질이다. 마치 성직자가 절단면을 원하는 대로 선택하는 것이 아니라, 매번 적합한 관절에 맞게 희생 제물을 솜씨 좋게 분해하는 것처럼, 변증가도 역시 자연에 적합한 개념들의 분절에 따라(κατ' ἄρϑρα ᾗ πέφυκε) 분할을 수행해야 한다.[066] 매우 간접적인 고대의 보고들에 따른 것이기는 하지만, 우리는 어떻게 플라톤이 개념적인 분할(διαίρεσις)의 이러한 방식을 자신의 학파 안에서 사용했는지 그리고 그가 이 경우 어떻게 자연 형식들의 구성 문제로, 생물학적인 종개념들과 이러한 종개념들의 상위질서와 하위질서들로 나아가게 됐는지 알고 있다. 그러나 그가 『국가』에서 가르치고 있는 것처럼, 천문학, 즉 별들의 질서와 운행은 그것 자체를 위해 고찰할 가치가 있는 것이 아니라, 오히려 단지 그것이 우리에게 수학적인 계산을 위해 "예증들"을 제공하는 한에서만 고찰할 만한 가치가 있는 것이다. 그래서 자연형식의 전 영역은 결국 그에게서 순수한 개념형식들의 관계를 파악하게 하는 유일하면서도 큰 예증이자 모범인 것이다. 우리 인간들에게는 어떠한 구체적인 상도 존재하지 않는, 모든 존재 중 최고 무형의 것들로 나아가기 위해서는, 우리의 시선은 가시적인 형식들과 그러한 형식들의 구성과 분할을 연습하고 통찰력을 키워야 한다. "왜냐하면, 가장 위대한 것이자 아름다운 것인 무형의 것은 오직 개념 안에, 로고스 안에서 명확하게 파악할 수 있으며, 그 외 다른 어

---

066   플라톤, 『파이드로스』 265D 이하. 그리고 『정치가』 259D, 287C.

떤 방식에서도 분명하게 파악할 수 없기 때문이다."⁰⁶⁷

여기에서 또한 괴테의 형식개념과 플라톤의 형식개념 사이에 본래적이고, 원칙적으로 정신적인 차이가 가장 분명하게 드러난다. 플라톤이 개념들의 결합(συναγωγη)과 분할(διαίρεσις)에 대해 언급할 때, 괴테는 항상 새로운 생산활동 속에서 자기 자신에게 되돌아가기 위해 자기 자신을 자신에게서 분리하는 삶의 영원한 수축과 이완에 대해 말한다. //S. 433// 플라톤이 논리적인 근본 문제들을 보고 있을 때, 괴테는 유기적인 사태의 거대한 결합(σύγκρισις)과 분리(διάκρισις)를 직관하고 있다. 플라톤이 필수 불가결한 논리적인 두 모티프로 인식한 통일성과 다양성을 괴테는 숨을 들이쉬거나 내쉬는 것처럼, 하나의 동일한 삶의 과정 국면들로 간주한다. 그러나 괴테가 철학에서 추구하고 요구하는 것은 철학이 그러한 것을 이러한 거대한 근본 직관 속에서 강화하고 입증해야만 한다는 것이다. 괴테는 프리드리히 하인리히 야코비에게 보낸 유명한 서신에서 다음과 같이 쓰고 있다. "내가 철학에 어떤 태도를 보이는가에 대해서 당신은 가볍게 생각할 수도 있다. 만일 철학이 주로 분리에 놓여 있다면, 나는 철학을 취할 수 없다. (……) 그러나 만일 철학이 '우리가 자연과 통합되는 것'과 같은 우리의 근원적인 감정과 일치한다면, 혹은 철학이 그러한 근원적인 감정을 고양하고 확실하게 하며, 그러한 근원적인 감정을 깊고 고유한 직관으로 변화시킨다면, 깊고 고요한 직관의 지속적인 결

067　플라톤, 『정치가』 285D, 286A.

합(σύγκρισις)과 분리(διάκρισις) 속에서 우리는 신적인 삶을 느끼는데, 설령 그러한 신적인 삶이 우리에게 허락될 수 없다고 하더라도, 그와 같은 것은 나에게 바람직하다. (……)"068 따라서 플라톤이 개념들의 결합(σύγκρισις)과 분리(διάκρισις)로부터 자연의 결합과 분리에 도달했다면, 그와 반대되는 길이 괴테에게 적용된다. 플라톤이 이데아를 결국 자연 안에서 재발견하기 위해 이데아로부터 출발한 반면에, 괴테에게는 삶의 근원현상이 최초의 것이고, 이러한 최초의 것을 통해서 모든 이념적인 것이 비로소 파악될 수 있으며 비로소 매개된다. "우리는 신적인 것과 동일한, 진정한 것을 직접 인식할 수는 없고 그것을 반영, 일례, 상징 속에서, 개별적이고 유사한 현상 속에서 바라볼 수밖에 없다. 우리는 그것을 파악하기 어려운 삶인 줄 알고 있으면서도 그것을 파악하고자 하는 소망을 포기할 수는 없다. 이러한 소망은 파악할 수 있는 모든 현상에 적용된다. (……)"069 이러한 괴테의 문장은 얼핏 보면 아마도 순수하게 플라톤적으로 여겨질 수 있다. 그러나 좀 더 엄밀하게 고찰해보면, 결정적인 차이가 발견된다. 괴테의 경우 "파악하기 어려운 삶"은 직관을 통해 결국에는 도달할 수 있는 것인데, 이러한 삶은 플라톤의 세계이데아와 삶의 이데아, 즉 이러한 가시적인 우주를 형성하는 데 척도가 되는 "예지적으로 살아있는

---

068 괴테가 야코비에게 보낸 편지, 1801년 11월 23일(괴테전집, 제4부, 15권, pp. 278−283), p. 280 이하.

069 괴테, 「기상학에의 시도」(바이마르 판, 괴테전집, 제2부, 『자연과학론』, 제12권, pp. 183−195), p. 74.

것(νοητὸν Ζῷον)"과는 독특한 차이를 지닌다. 왜냐하면, 우리의 이러한 세계가 우리 자체와 모든 가시적인 피조물들을 포함하는 것과 마찬가지로, 플라톤의 이러한 "예지적으로 살아있는 것"은 모든 살아 있는 것의 이성의 이데아를 자체 내에 포함하며, 자체로 모든 것을 포괄하는 최고의 이성 내용이기 때문이다. //S. 434// 그것은 가장 아름다운 것이며 모든 관점에서 볼 때 모든 사상 가운데 가장 완성된 것이다.[070] 괴테가 고수했던 **근원현상**은 플라톤의 경우에 최고 고찰이자 최고 인식이며, **예지체**(Noumena)의 왕국에서의 최종적인 것이다.

그래서 플라톤과 괴테가 대치하는 가운데 항상 새롭게 밝혀지는 것은 어떻게 여기에서 두 개의 거대한 정신적인 세계가 서로에게 의존하고 있으며 다른 한편으로는 특정한 객관적인 모티프들이 보여주는 모든 친화성의 경우에도 불구하고, 두 "자격이 있는 개인들"이 어떻게 서로 대립하고 있는가에 대한 것이다. 그들 각각은 세계문제와 삶의 문제 전체를 특유한 방식으로 느끼고 파악한다. 그러한 유사성과 그러한 대립에서 진리는 비로소 구체적인 역사적인 삶을 가진다. 괴테가 언젠가 말하길, "진정한 것이 구체화하리라는 것이 반드시 필요한 것은 아니다. 만일 진정한 것이 정신적으로 주위를 떠돌면서 일치를 유발한다면, 그것이 종소리와 마찬가지로 진실로─명랑하게 대기 속으로 물결치듯 나아간다면, 이미 충분하다."[071] 역사를 정신적으로 파악하는 자와 정신적인 것을 역사적으로 파악하는 자는 곳곳에

---

070   플라톤, 『티마이오스』 30C─D.

071   [괴테, 『잠언과 성찰』, Nr. 466(함부르크 판, Nr. 53)]

서 진실로 명랑한 종소리를 듣는다. 그리하여 그 종소리는 그를 위로 하는 근본적인 울림을 만든다. 그 울림으로 인하여 그는 외적인 사태의 모든 혼란스러운 혼돈상태 속에서도 본래적인 세계사, 즉 정신적인 세계사의 내적 조화를 확신한다.

에이도스와 에이돌론

에이도스와 에이돌론
— 플라톤 대화편에서 미와 예술의 문제[001]

//S. 135// 만일 한 사상가의 위대함을 그의 사유에 포함되는 반대성
향, 그리하여 다시금 통일되어야 할 반대성향의 정도에 따라 평가할
수 있다면, 플라톤은 이미 이러한 근거에서 정신사의 유례없는 현현
에 속한다. 그리스 철학이 그때까지 씨름해왔던 모든 문제는 그에게
서, 완전히 새로운 긴장과 전혀 다른 강도를 획득하였다. 플라톤의
세계를 소크라테스 이전 철학이 그리는 세계상과 비교한다면, 후자
의 상들의 다양한 모든 형태들은 여전히 어떤 단순함을, 어떤 원시적
인 "우직함"을 수반하고 있음을 느끼게 된다. 그것은 **하나**의 최고 존
재개념인데, 이 개념에 이러한 모든 세계상이 초점을 맞추며, 마침내
이 개념에서 안정을 이루게 된다. 플라톤과 플라톤주의의 대화에 이
르러서야 비로소 그리스 사유는 가장 고유하고도 가장 심오한 의미
에서 변증법적인 것이 되었다. 그리고 이러한 사상의 객관적인 변증
법은 플라톤의 정신 속에서 주관적인 변증법으로 되돌아간다. 이러

---

001 바르브르그 도서관 강연록(Vorträge der Bibliothek Warburg, hrsg. v. Fritz Saxl, Bd. Ⅱ:
　　　Vorträge 1922-1923, 1. Teil, Leipzig/Berlin 1924, S, 1-27)으로 처음 발표된 것이다.

한 정신 속에서 의지를 형상화하는 최고의 힘이 순수하고 "이론적인" 세계고찰의 분명함과 결합한다. 신화적인 판타지는 완전한 풍요로움 속에서 작용하며, 이러한 풍요로움 속에서도 동시에 지식의 엄격한 개념이, 즉 인식의 보편적인 방법론이 내세운 요구들과 결합하고 있는 것으로 보인다. 그러나 이러한 방법론 자체는 대립의 통일 외에 다른 것으로 설명될 수 없다. 그것을 본질적으로 실행한다는 것은 완전히 정신적인 조화를 이룬다는 것인데, 이러한 조화는 방법상 분리하는 기능과 결합하는 기능 사이에, 그리고 고요함과 깊이를 드러내는 순수한 관조와 최고로 고조된 생동감을 보여주는 매개하는 사유 사이에 형성돼 있다. 사유의 특성인 "해명"의 경향과 함께, 플라톤은 그의 이론에서 조화를 실행할 뿐만 아니라, 의식적으로도 그러한 조화를 모든 철학적 인식이 요청할 것을 주장했다. 모든 인식은 그에게 있어서 개념의 분석(διάκρισις)이자 동시에 종합(σύγκρισις)이다. 아마도 개념을 진정 전문가답게 분할하는 것이 선행되지 않고서는 참된 지식이란 있을 수 없다. 사제가 희생 제물을 임의로 조각내지 않고, // S. 136// 오히려 자연스러운 몸의 마디마디 그 구조에 따라 분해하는 것처럼, 변증가도 개념들에서 이러한 부분의 구조를, 이러한 내적인 분류와 조직화를 뚜렷하게 만들어야 한다.[002] 그러나 이러한 분해하는 능력은 결합의 능력과 동등해야만 한다. 분할함(διαιρεῖν), 즉 보이

002　특히 여기에 대해서는 플라톤의 『정치가』 286D 이하, 또한 『파이드로스』 265D 이하 참조(카시러는 Stephanus가 부여한 일련번호에 따라 플라톤을 인용한다. 인용한 책은 Opera omnia uno volumine comprehensa, hrsg. v. Gottfried Stallbaum, Leipzig/London 1899 이다).

는 바에 따라 분배하는 것(τέμνειν κατ' εἴδη)은 분류된 계기들이 다시 하나의 통일된 형상으로 전체적으로 고려되는 것 외에 다른 어떤 목표도 알지 못한다. 그래서 변증가는 부가나 추가하기만 하는 자가 아니라, 오히려 우선적이고 근원적인 노력을 기울이며 동시에 포괄적으로 보는 자(Synoptiker)인 것이다. 다시 말해서 다른 면에서 포괄적으로 보는 자만이 진정한 변증가(Dialektiker)일 수 있다.[003] 매우 명확하게 분리된 것들을 결합하고 관련시키는 가운데, 결합(συνάγειν)하고 일자를 함께 바라보는(συνορᾶν εἰς ἕν) 가운데, 감각이 구성되고 로고스 자체의 통일이 이루어진다.[004] 그리고 이러한 관계는 플라톤의 객관적인 사상 세계를 구축하는 데에 적용되는 것과 마찬가지로 그의 총체적인 내적 정신세계를 구축하는 데에도 적용된다. 이러한 세계에서도 역시 외관상으로는 이질적이고 모순되는 고찰의 근본 방향들이 나란히 인접하고 있다. 사람들은 때때로 플라톤 정신의 "다면성"에서 생겨난 모든 면모를 특별히 제시함으로써, 그러한 다면성을 정당하게 평가해보려고 시도했다. 왜냐하면, 그도 그럴 것이, 플라톤과 관련하여 잘 알려진 근대의 진술들이 독자적인 부분에서 인간, 학자, 작가, 철학자, 신학자, 사회정치가를 다루기 때문이다. 그러나 그럼으로써 플라톤의 이론의 **크기**가 그려지고 묘사된다고 할지라도, 이러한 방법으로는 그것의 본질적인 **내용**과 고유한 이념적 중심, 정신적·인격적인 중심점이 파악되지 않는다. 철학을 개별적인 "부분들"

---

003 플라톤, 『국가』 537C.

004 플라톤, 『소피스트』 259E 참조.

의 이론에서 구성된 세계 "전체"에 관한 이론이라고 보는, 순수한 백과사전적인 철학의 개념은 플라톤에게는 낯선 것이다. 괴테가 일찍이 문장으로 요약했던 원칙은 엄격한 척도에서 보면 그 어떤 위대한 사상가들보다도 플라톤에게 가장 잘 적용될 수 있다. 그 원칙이란 인간이 실행하기 위해 받아들인 모든 것들은 행동이나 언어 혹은 그 외의 다른 것을 통해서 제시되며, 전체적으로 하나로 통일된 힘에서 발생해야 하기에, "모든 개별적인 것들은 비판받아야 마땅하다"는 것이다.[005] //S. 137// 근대적인 사유에서 다양한 방식으로 **모색했던** 결합을 직접 구체화할 수 있는 자질이 플라톤에게 있었다. 존재와 이론이 완전히 그에게 스며들어 있어서, 양 계기 중 어떤 것이 우선이고 어느 것이 두 번째이며, 그것들 중 어떤 것이 다른 것을 규정하고 다른 것을 따라 형성되었는가와 같은 물음이 나올 여지가 없었다.

그런데 문제시되는 하나의 거대한 영역, 즉 이러한 통일성이 지양되는 것으로 여겨지는 거대한 영역이 존재한다. 그 영역에서 플라톤 자신과 그가 가르친 것이 분명히 단절되는 것처럼 보인다. 윤리학자, 종교적인 사상가, 수학자로서 플라톤은 변증법에서 자신에게 적합한 도구와 자신의 근본견해에 적합한 개념적인 표현을 창조했다. 그러나 변증법의 왕국으로 들어설 때, 이미 그가 **예술가** 플라톤을 거기에서 배제하고 있는 것으로 보이며, 자신의 예술적인 능력과 경향으로

---

005 [괴테, 『시와 진실』, 제3부(Werke, hrsg. im Auftrage der Großherzogin Sophie von Sachsen, 4Abt., insges. 133Bde. in 143Bdn., Weimar 1887-1919. 1.Abt, Bd. ⅩⅩⅧ), p. 108]

인해 생동하게 된 모든 것을 의식적으로 부정하고 있는 것으로 보인다. 고대의 보고에 따르면, 청년 플라톤이 소크라테스와 처음으로 만나게 된 이후, 그러니까, 플라톤이 처음으로 소크라테스적인 **물음**의 의미에 감동하게 된 그때, 그의 시들을 불태워버렸다고 한다. 그리고 성숙한 한 인간으로서 그의 활동과 사유가 최고 정점에 이르렀을 때, 그는『국가』를 기획하는 가운데 시인을 국가로부터 추방할 것을 요구했을 뿐만 아니라 그의 이론 전체에서 예술에 정신적 거주권을 허용하지 않았다. 플라톤의 이데아론은 근본적인 개념과 근거 속에 독자적 미학을 위한, 예술의 **학**을 위한 어떤 여지도 가지고 있지 않다. 왜냐하면, 예술은 사물들의 감성적인 현상에 밀착되어 있기 때문인데, 현상에 의해서는 엄밀한 지식이란 있을 수 없으며, 항상 단지 상상이나 잘못 생각하는 것만이 있을 수 있기 때문이다. 플라톤의 인격 전체를 고려해보는 것만으로도 이미 이러한 결정은 역설적으로 보인다. 그 대신에 이데아론을 객관적 역사적 운명에서와 마찬가지로 순수한 객관적 구조에서 고찰한다면, 이러한 역설은 더욱더 커진다. 왜냐하면, 미학이 고유하고 독자적이며, 동일한 권리를 지닌 **존재**라는 것을 부인하는 이 체계보다 강력하고 포괄적인 미학적인 **결과들**을 산출했던 철학적인 이론은 없기 때문이다. 근본적으로 이제까지 철학사에 나타난 **모든** 체계적 미학이 플라톤주의였고 플라톤주의로 존재해왔다고 말한다면, 그것은 결코 지나친 주장이 아니다. 수천 년 동안 끊임없이 예술과 미의 **이론**이 추구되었으며, //S. 138// 그럴 때마다 마치 사상적인 강압이라도 있는 것처럼, 항상 또다시 "이데아"의 개념과 용어로 시선을 돌렸다. 이상(Ideal)이라는 개념은 이 개념에서

싹튼 것으로, 이 개념을 보조하게 된다. 그리고 이러한 관계는 여러 세기 동안 생생하게 유지되는데, 예술이론가들뿐 아니라 위대한 예술가 자신들이 이러한 관계의 증인들이다. 플로티누스에서 아우구스티누스로, 아우구스티누스에서 마르실리우스 피치노까지, 그에게서 빙켈만, 셸링에 이르는 일련의 사상가들은 일련의 예술가들, 즉 자신들만의 고유한 방식으로 그리고 여전히 계속되는 전통의 속박 속에서도 플라톤에게로 나아가는 길을 추구하고 발견했던 일련의 위대한 예술가들과 일치한다. 이러한 정신사적인 관계의 힘과 다양성을 의식하는 데는 미켈란젤로와 괴테, 두 사람의 이름을 언급하는 것만으로도 충분하다. **과학**의 역사에서도 플라톤주의가 그와 동일한 힘을 나타냈고, 특히 근대 수학적 물리학의 정초자들이 플라톤주의자라고 밝혀졌다 하더라도, 그들은 오로지 플라톤에게 가장 명확하게 나타났던 특정 모티프들만을 수용한 것이다. 갈릴레이와 케플러는 플라톤의 후기 대화편들에서 끌어낸 동일한 사상적 분위기에 젖어 있었는데, 특히『티마이오스』와『필레보스』에서 그러한 사상적 분위기를 보여주는 표현들이 발견되었다. 그들은 완전히 새로운 구체적인 내용과 함께, 여기에 플라톤의 근본적인 특성들에 맞게 설계된 정확한 학문의 도식을 완성했다. 그러나 그들은 순수하게 방법론적인 관점에서 이러한 도식에 본질적인 어떠한 특성도 부가할 필요는 없었다. 그와 달리, 일반적인 예술이론의 내부에서 그리고 예술 자체의 내부에서 플라톤 사상들이 겪게 되는 전개과정은 좀 더 힘들고 복잡하게 형성되었다. 왜냐하면, 여기에는 정신적인 인력과 척력의 모순이라는 고유한 진동이 지배하고 있기 때문이다. 예술은 플라톤주의에 기초를 두고자 하면서도, 항상 동시에 그것의 영향권에서 벗어나야만 한다. 왜냐하면, 곧바로 사상적으로 심화하고, 전반적으로 전개된 플라톤 철학의 형식개념은 예술의 고유한 형식개념을 일반화하고 순수하게 하려고 애쓰면서도, 실제로는 예술의 고유한 형식개념을 파기하는데, 이러한 운명을 준비하라고 예술을 늘 위협하기 때문이다. 언제나 미학의 관념론의 역사는 이러한 이율배반, 즉 다음과 같은 물음에 직면해 있다. 단순한 보편 속에서, 즉 일체를 포괄하는 추상 속에서 미학의 특수한 **대상**을, 그와 함께 예술적으로 형상화하는 특수한 방식과 방향을 소멸시키지 않고도, 미학이 열매를 맺도록 하기 위해서는, 플라톤이 어떻게 형식의 근본사상을 통찰하고 규정하였느냐는 물음에 직면해 있는 것이다.

//S. 139// 플라톤에게 있어서 전적으로 근본적인 의미가 있는 두 개념, 말하자면 플라톤의 사유를 계속 순환시킴으로써 두 가지 쟁점을 형성하는 두 개념의 대립에서 시작한다면, 플라톤 자신에게 있어서 여기에서 고려하고 있는 모티프들의 투쟁이 가장 분명하게 나타난다. 에이도스(Eidos)와 에이돌론(Eidolon), 즉 형상(Gestalt)과 상(Bild)이라는 이러한 하나의 개념 쌍은 플라톤의 세계 전체를 포괄하고 그 세계의 양극단을 나타낸다. 그 경우에, 유일한 변화를 주고 표현을 가볍게 채색함으로써, 체계적인 명확함과 각인에서 비할 나위 없는 의미 차이를 이해하는 데 성공하였던 만큼, 이 개념 쌍은 플라톤의 탁월한 **언어능력**의 증거인 셈이다. 에이도스와 에이돌론이라는 두 개의 명사는 동일한 어근에서 기원한 것으로, 보는 행위(ἰδεῖν)라는 하나의 근본 의미로부터 전개된 것이다. 그런데도 플라톤의 경우에 보는

행위의 근본적으로 다른 두 개의 방향, 서로 대립하는 두 개의 "특질들"을 자신이 그 명사들에 부여한 특별한 의미들 속에 포함한다. 한편으로, 보는 행위는 외적인 대상을 단지 수용하고 묘사하려고 애쓰는 감성적 느낌의 수동적인 특성을 보인다. 다른 한편으로, 보는 행위는 자유로운 바라봄, 즉 그 자체로 형상화라는 정신적인 **행위**에서만 수행될 수 있는, 객관적인 형상의 이해라는 특징을 가진다. 우선 대립의 한 측면에서 본다면, 일반적으로 플라톤 철학이 처음에는 철학적인 고찰을 단순한 "존재"의 영역에서 "형식"의 영역으로 고양한다는 점에 플라톤 철학의 독창성과 깊이가 있다고 말할 수 있다. 소크라테스 이전 철학도 역시 존재를 형식의 통일로, 보편적인 형식법칙들에 종속된 것으로 이해하고자 하였다. 그러나 동시에 말하자면 소크라테스 이전 철학은 이 법칙을 표명할 방법은 오로지 계속하여 이 법칙에 존재의 색을 입히는 것뿐이었다. 그래서 이오니아 자연철학은 물, 공기, 불로 표현되든 어떻든 아무래도 상관없이, 하나의 개별적이자 구체적으로 존재하는 것에 존재의 근원을 두었다. 그러나 이러한 질료적인 고찰이 변화하여, 질료에 따른 일자(ἓν κατὰ τὴν ὕλην) 대신에 로고스에 따른 일자(ἓν κατὰ τὸν λόγον)를 추구할 때도 역시, 바로 그 로고스, 즉 존재의 바로 그 순수한 개념이 그것의 발음과 형상화의 측면에서 여전히 항상 어떤 상에, 즉 일종의 감성적 실체에 묶여있는 것으로 나타난다. 피타고라스학파, 엘레아학파, 헤라클레이토스는 **세계질료**의 통일에 대해서 더는 아무것도 말하지 않는다. 오히려 여기에서는 완전히 다른 차원의 사유에 속하는 통일이 중요하다. 세계의 단순한 현존재에서 세계를 이해하는 대신에, 세계는 자신의 "원리"에 의해 이해되어야만 한다. 따라서 그러한 원리는 //S. 140// 피타고라스 학파의 수로, 엘레아학파의 일자로, 헤라클레이토스의 로고스로 주장된다. 그런데 헤라클레이토스의 경우에, 로고스의 보편적인 사상들이, 일어난 사건의 보편적인 법칙의 관점들이 척도에 따라 타오르고 척도에 따라 사그라지는 영원히−살아있는 불의 상으로 농축되어 있다. 그와 마찬가지로, 파르메니데스 역시 세계관, 즉 그 자체로 닫힌 완벽한 구에 대한 관점을 제시함으로써, 모든 발생하는 것과 사라지는 것, 모든 감성적인 특질들과 차이들을 분배하는 하나의 존재에 관한 사상을 고수할 수 있다. 플라톤에 이르러서 비로소 그러한 방식으로 순수한 존재개념을 감성적으로 도식화하는 것이 단연코 극복된다. 이제 현상적으로 존재하는 것들(ὄντα)과 실제로 존재하는 것의 세계(ὄντως ὄν)가 분명하게 단절된다. 즉 현상들의 단순한 존재가 순수한 형식들의 내용과 진리에서 분리된다. 이러한 원리를 여전히 감각계 그 자체에서 찾거나 그 원리를 어떤 방식으로든 감성적인 결정에 붙들려 있는 것으로 생각하는 한, 감각계의 고유하면서도 진정한 근원, 즉 "원리"에 도달하지 못하게 된다. 세 가지 다른 고찰 방향에서, 플라톤은 이러한 자신의 통일적인 근본 사상을 분명히 밝힌다. 그는 순수한 의욕의 영역과 순수한 지식의 영역에서 시작한다. 그는 윤리적인 규범들과 수학적 개념들의 타당성과 진리 속에 그의 사유의 기초를 둔다. 그리고 여기에서부터 간접적으로 자연의 문제로 확장해 나아간다. 왜냐하면, 자연도 역시 물질적인 사물들과 힘들의 단순한 본체만이 아니고 자신 안에 존재하는 영원한 **질서**에 의해 순수한 형식의 영역에 관여하기 때문이다. 그러한 설명이 생성의 영역에서 가능한 것으로 입증되는 한에서, 순수한 형식은 단순한 현존재에 속하지 않고, 오히려 본질과 순수한 본질의 법칙을 구체화한다. 그래서 플라톤의 경우에, 윤리의 문제들에서 수학의 문제들로, 수학의 문제들에서 자연의 문제들로 진행하는 과정 속에는 엄격한 사상적인 연속성이 있다. 그래서 여기에서 이해되고 있고 사유의 영역 속으로 끌어들인 이러한 내용들은 그처럼 다양하지만, 이러한 모든 내용은 사유의 통일적인 **물음**을 통해 그만큼 엄밀하게 파악되고 제어된다.

그러나 흔히 그렇듯이, 이 물음을 설명하기 위해 **보편과 특수**의 대립을 실마리로 삼는다면, 이러한 물음은 불충분한 것으로 나타날 것이다. 플라톤의 이데아가 특수한 사물들의 다양성과 개별성에 대립하여 사물들의 유개념의 통일성과 보편성을 표현한다는 식으로, 이데아의 본질적인 계기와 그것의 고유한 논리적 성격을 이해하는 한, 근본적으로 그것은 중세 보편논쟁의 입장을 넘지 못한다. 그러나 사실상 플라톤에게서 언제나 시작됐던 근본문제는 //S. 141// 보편성의 문제였다기보다는 오히려 **확실성**의 문제였다. 상대적인 것에 대립하여 절대적인 것을, 조건적인 것에 대립하여 무조건적인 것을, 한계가 없는 불확실한 것에 대하여 확실하고 명확한 것을 발견할 것을 요구하였다. 그러한 요구의 성취 없이는 어떤 진정한 지식도, 어떤 진정한 의욕도 가능하지 않다. 소크라테스의 제자는 이러한 요구를 무엇보다도 먼저 의욕의 차원에서 파악한다. 플라톤이 소크라테스의 물음을 이해하듯이, 그 물음은 그에게 개념, 즉 의지 자체의 형상(Eidos)에 대한 물음이나 진배없는 것이다. 우리의 행동은 개별적이고 우연하고 다양한 행위 속으로 흘러들어 가서는 안 되고, 외부의 모든 임의의 매력과 자극에 내맡기지 말아야 한다. 오히려 우리의 행동은 자체에서 확고한 규범을, 영속적인 척도를 발견해야만 한다. 행동은 그러한 것에 의해 단단하게 묶여 있는 것이다. 이러한 속박은 모든 윤리적인 것의 근본 성격이다. 도덕적인 것의 존립과 타당성에 따라, 순수한 수학적인 척도관계에 비교될 수 있는 의지관계들의 내적 척도가, 즉 도덕적인 것의 안정된 질서가 존재한다. 질서라는 이러한 중심개념을 통하여, 즉 질서와 균제(τάξις καὶ συμμετρία)의 개념을 통하여 지식의 세계가 내적으로는 의지 세계와 결합한다. 존재에서의 질서와 행동에서의 질서 양자는 이제, 세계를 비로소 그 자체로 구성하는, 하나의 동일한 원리의 다른 결과로 나타난다.[006]

그러나 플라톤은 물론 이러한 유비를 통해 보여준 윤리적인 세계를 더욱 확장함으로써, 소크라테스가 설정하고 있던 영역을 이미 뛰어넘었다. 이제 참된 **논증**의 중심이 윤리학에서 변증법으로 옮아간다. 그러나 지식의 순수한 대상으로 그 대상을 파악하는 한에서, 변증법은 보편적으로 대상에 대한 이론이다. 만일 그 자체로 지식의 지속적이고도 변치 않는 내용이 존재할 수 없다면, 지식에 대한 어떤 진정한 확신도 확실함도 없을 것이다. 감성적인 세계, 직접적인 감정과 지각의 세계는 우리에게 그 자체와 결합한 내용의 어떠한 지속도, 어떠한 불변성도 보여주지 않는다. 오히려 여기에 전혀 규정되지 않은 모든 내용이 그 자체로 다시금 근절된다는 것이 바로 감성적 세

---

006 플라톤, 『고르기아스』 507E 이하 참조.

계의 특징이다. 그것은 모순된 영역이다. 그것은 확고한 확실성으로 인식되지 않고 오히려 그보다는 계속해서 규정들이 형성되고 교대로 서로를 지양하는 일련의 흐름으로 인식된다. //S. 142// 그래서 그러한 감성적 세계에는 독자적이면서도 그 자체로 존재하는 "특징들", 즉 그 자체로 명백하게 고정되고 사상적으로 유지될 수도 있는 그러한 특징들은 없다. 오히려 우리가 항상 어떤 것(τί) 혹은 어떠한 특성들(ὁποιονοῦν)을 파악했다고 믿는다면, 그것은 곧바로 다시 단순한 생성 혹은 단순한 관계의 총체로 변한다.[007] 감성적 지각과 표상이 지닌 이러한 미해결의 상태나 불안정한 상태에 대립하여 사상이 행할 수 있는 것은 그 자신의 본질의 확실성으로 되돌아가는 것뿐이다. 순수한 지식의 형식이 불변한다는 점에 근거를 두지 않는다면, 지식의 내용에서 어떤 불변의 것을 찾는 것은 헛된 일이 될 것이다. 우리가 불변하는 것을 확인할 때 비로소, 우리는 끊임없는 운동 속으로 모든 것이 사라지지 않는다는 것을 믿을 수 있게 되며, 모든 것이 우리의 주관적인 "환상들"의 등락(登落)에 따라 여기저기로 끌려다니지 않고 오히려 그 자체로 고유한 "본성"을, 논리적인 불변을 지니고 있다는 것을 믿을 수 있게 된다. 오직 인식의 확고함에 의해서만 존재의 확고함이 발생한다. 왜냐하면, 그것 자체 즉 인식이 자신의 본성을 버리지 않을 때만이 인식하는 것과 같은 것과 인식된 것과 같은 것, 즉 지식의 주체와 객체가 존재하기 때문이다.[008]

---

007 플라톤, 『테아이테토스』 152D 참조.

008 플라톤, 『크라틸로스』 386D 이하 참조.

윤리적인 문제들의 측면에서 서술된 순수한 의지 형식의 이러한 확실성과 완결성에, 그리고 플라톤의 경우에 무엇보다도 수학적인 문제에서 명백해진 순수한 지식의 형식의 확실성에, 이제 두 개의 영역이 마주하고 있다. 이 두 영역에는 어떠한 확고하고 진정한 존재형 태들도 존재하지 않고 오히려 거기에는 표상과 판타지의 운동이 단지 그러한 형태의 상으로 우리를 속일 뿐이다. 자연 현상과 마찬가지로 예술 현상 둘 다 이러한 단순한 상들의 영역에 속한다. 둘 다 자체로 불변하는 고유한 로고스를 표현하지 못하며, 오히려 그보다는 의견(δόξα), 즉 주관적으로 떠오른 생각이나 망상의 지배에 굴복한다. 자연은 사물들의 흐름에 대한 헤라클레이토스의 명제에서 표명되고 있는 그러한 판단에 속한다. 자연 대상들에 대해서만 오로지 가능한 지식의 상대성과 가변성이 그러한 대상들의 가변성과 피상성, 일반적인 상대성에 상응한다. **자신**의 지각이 각자에게 진정한 여기 지각 세계 영역에서 소피스트들의 주관적인 명제는 본래의 자리를 확보하게 되는데, 소피스트들의 이러한 주관적인 명제가 헤라클레이토스의 객관적인 명제를 보조하게 된다. //S. 143// 어떠한 진정한 지식도 생성의 세계에 정통할 수 없다. 왜냐하면, 지식의 개념은 생성의 개념에 관여하지 않기 때문이다. "운동"의 개념이 키네시스(κίνησις)라는 개념에서 플라톤의 **논리학**의 체계적인 근본 개념이 될 수 있었다는 점에서 완전히 다른 의미와 평가를 받았던 그의 노년의 작품들에 이르기까지, 플라톤은 단순한 자연의 생성에 반대하면서 이러한 결정을 확고하게 고수하였다. 그 자체로 항상 불안정하게 흔들리는 현상 속에서 해결되지 않은 채 남아있는 것들에서는 엄격한 진리를 요구할 수 있는 어떠한 이성적인 통찰도 어떠한 인식도 있을 수 없다.[009] 왜냐하면, 소위 자연의 학문들 중 어떤 것도 우리에게 순수한 형식의 세계로 가는 방법을 가르치지 못하기 때문이다. 이러한 학문들을 치장하는 숭고성과 거대함은 변증가의 시선에는 믿을 수 없는 허식으로 드러난다. 이러한 사상적 분위기는 『국가』의 한 장면에서, 즉 글라우콘이 소크라테스와 대화를 나누는 가운데, 영혼의 "회귀"를 초래하고 상승하려는 영혼의 갈망을 충족하는 데에 적절한 것으로 보이는 그러한 종류의 학문들 중에서 **천문학**을 언급하는 장면에서, 특히 특징적이고 선명하게 표현된다. 소크라테스가 답하길, "충분히 고귀하게도, 너는 너 자신의 경우에 거기 위쪽 대상들에 대한 인식을 규정하는 것으로 나에게는 여겨진다. 왜냐하면, 어떤 사람이 천장에서 장식물을 관찰하고, 위로 고개를 젖혀 무엇인가를 구별할 때, 이 사람에 대하여 너 또한 그가 이성으로써 관찰하지 눈으로 관찰하는 것이 아니라고 말하고자 하는 것으로 보이기 때문이다. 아마도 이제 너의 의견만이 옳고 나의 의견은 단순한 것 같다. 왜냐하면, 나는 존재하면서 눈에는 보이지 않는 것으로 향하는 그러한 인식 외에 어떤 다른 인식이 있어, 영혼을 위쪽으로 향하게 한다는 것을 다시금 믿을 수 없기 때문이다. 그러나 만일 어떤 이가 위쪽으로 향하든 아래쪽으로 눈짓하든지 간에, 단지 지각할 수 있는 것 중에서 어떤 것을 인식하려고 애쓴다면, 나는 그것에 대해 그가 인식을 가지고 있다고 말하지 않겠다. 왜냐하면, 그와 같은 것에 대한 어떤 지식도 없기 때문이다. 또

---

009 플라톤, 『필레보스』 59B 참조.

한, 설령 그가 또한 완전히 등을 대고 누워, 물 혹은 땅에서 지극히 높은 곳을 쳐다본다고 하더라도, 그의 영혼이 위쪽으로 바라본다고도 말하지 않겠다." 이러한 척도에서 보면, 그러한 별들 자체가 단지 "하늘에 있는 알록달록한 장식"일 뿐이어서, 감성적인 인간은 그러한 별들의 광채에 기뻐할 수 있지만, 이데아의 세계에서 진정으로 사는 사람에게는 그러한 별들은 완전히 다른 것이다. //S. 144// 왜냐하면 그는 별들을 판단하지만, 그것들이 감성적인 현상 속에 나타내고 있는 것을 판단하는 것이 아니라 오히려 그것들이 우리의 인식을 위해 **의미하는** 것을 판단하기 때문이다. 그래서 별들에 대한 가장 심오한 의미는 그것들이 정신에 제시한 **과제들** 가운데, 특히 별들이 수학적으로 바라보도록 자극하는 데에 있다. 변증가는 별들을 그처럼 숭고하고 위력적으로 보이는 물질적 물체들이 아니라 오히려 수학적인 사색의 모범(παραδείγματα)과 주제들(προβλήματα)로 고찰하기를 배워야만 한다. "또한, 인간은, 즉 마치 어떤 이가 다이달로스 혹은 어떤 다른 우수한 화가들이 주의 깊게 완성한 도식들과 우연히 마주친 것과 같은 것에서 그러한 것[진정한 수와 진정한 형태]을 배우기 위해 하늘에 있는 그러한 알록달록한 장식을 이용해야만 한다. 왜냐하면, 기하학에 대해 이해하는 사람이 이러한 것들을 관찰한다면, 그러면 그는 그것들이 뛰어나게 작업된 것이라는 것을 쉽게 발견하게 될 것이다. 그러나 그렇더라도, 마치 사람이 동일한 것 혹은 두 배의 것 혹은 어떤 다른 관계들의 본질을 그 안에서 파악할 수 있기라도 하는 것처럼, 그것들을 진심으로 판단하는 것은 어리석은 일일 것이다. (……) (그것들이 나타내는) 이러한 일에서 우리가 만족하기 위해서는, 우리는 기하학에서와 마찬가지로, 또한 천문학에 가까이 접근하고자 한다. 그러나 만일 우리가 천문학의 올바른 방식에 전력을 다하면서, 동시에 우리의 영혼에 본성상 이성적인 것을 진정으로 적용하게 되는 것과는 다른 의미를 갖는다면, 우리는 하늘에 있는 사물들을 내버려 두어야 한다."[010]

여기에 제시된 자연의 사례에서 감성적인 형상과 이념적인 형상 사이의 대립, 즉 에이도스(εἶδος)와 에이돌론(εἴδωλον)˙사이의 대립이 너무도 분명하게 나타난다. //S. 145// 그럼에도 불구하고 **이** 영역에서의 대립은 완전히 배타적이지 않고, 대립에 대하여 매개는 가능할 뿐만 아니라 참으로 요구된다. 왜냐하면 "이데아"와 "현상" 사이의 **분리**라는 사상과 마찬가지로 양자의 **결합**이라는 사상이 플라톤의 이데아론을 지배하기 때문이다. 분리(χωρισμός)의 체계적인 의미가 이해되는데, 이때 분리는 관여(μέθεξις)의 의미를 적잖이 지니고 있다. 현상은 순수한 형식들의 세계에서 분리됨으로써 완전한 부정이나 절대적인 무로 판단되지 않는다. 왜냐하면, 완전히 아무것도 아닌 것은 자신 속에 본질이나 진리의 어떤 흔적도 남아있지 않아서, 그 자체로 결코 나타날 수 없기 때문이다. 그러나 자연스러운 현상, 즉 자연 현상은 완전히 규정될 수 없는 것이 아니다. 오히려 그것은 영속적인 것을 자신 속에서 **내비치는** 그러한 성질을 지닌다. 자연의 모든 생성에서, 무엇보다도 하늘의 운동에서, 별자리들의 운행에서 묘사되는 모든 생성의 전형에서, 생성의 순수한 "그러한 것", 즉 장소가 바뀌는 단

---

010 플라톤, 『국가』 529A 이하.

순한 경험적 사실만이 아니라, 생성의 "방법"과 생성의 "원인"이 파악된다. 생성에서 끊임없는 반복적인 질서가, 그 자체로 영속적인 척도들을 지닌 다양성들이 드러난다. 만일 또한 우리의 관찰이나 변증가들의 주관적인 반성과는 무관하게, 수학과 맺는 내적인 관계가, 내적인 척도와 내적인 형상이 자연에 깃들여 있지 않다고 하면, 자연은 실제로 수학의 **문제**에 결코 적합할 리 없다. 플라톤이 이러한 사상들에 심취해 있으면 있을수록, 그의 경우에 더욱더 자연적인 존재와 자연적인 생성 그 자체를 학적으로 구성하는 방법은 자유로워진다. 아직도 여전히 그는 방법적인 데에 크게 주의를 기울이고 전력을 다하면서 이러한 방법을 순수하고 이성적인 인식의 방법과는 구별한다. 아직도 여전히 자연적인 생성의 모든 설명에 필연적으로 들어가야만 하는 신화가 로고스의 진리와 구분된다고 주장한다. 그러나 이러한 신화는 임의의 허구로 존재해서는 안 되고 "그럼직한 것"이라는 특징을 지니고 있어야만 한다. 그럼직한 것(εἰκός, εἰκασία)이라는 이러한 개념에서 순수한, 혼합되지 않는 그 자체로 존재하는 진리와의 **대립**이 강조되는 것과 마찬가지로 그러한 진리와의 **관계**도 확정돼 있다. 그리고 이러한 후자의 긍정적인 계기는 플라톤적 사유가 발전되는 가운데 점점 더 강하게 관철된다.『파이돈』에서『국가』그리고『티마이오스』에 이르기까지 특정한 문제가 전개되는데, 그 속에서 수학을 매개로 자연의 영역과 순수한 형식들의 영역이 점진적으로 화해한다.『파이돈』자체에서 //S. 146// 세상으로부터 도피라는 지속적인 분위기, "가능한 한 빨리" 신체의 속박에서 벗어나려고 애쓰는 것이 자연으로부터 도피로 나타나게 된다. 플라톤은 여기에서 이제까지의 모든 사색에서 보이는 심각한 방법적인 결핍을 자각한다. 그것은 이 세계의 "이성"을 파악하려고 노력하면서도 자연의 한계 속에 붙잡혀 있고, 논리학이나 변증론을 목적으로 하는 대신에, 우주론이나 우주자연학에 머무르게 된다. 그는 모든 사색에서 보이는 이러한 심각한 방법적인 결핍, 다시 말해서 아낙사고라스 학파가 지성(νοῦς)에 의해 표면상으로만 극복했던 그러한 결핍을 자각하고 있었다. 그러나 이데아의 땅으로 나아가는, 『파이돈』의 제2의 항해(δεύτερος πλοῦς)는 다른 원칙을 요구한다. "즉 (……) 나는 태양을 일식에 의해 고찰하는 사람들과 마찬가지로 나에게도 발생할 수 있다는 것에 주의를 기울여야만 한다고 생각하네. 왜냐하면, 많은 사람이 물이나 혹은 다른 것에서 태양의 모상(그림자)을 바라보는 대신에, 태양 그 자체를 들여다보는 것은 눈에 해를 입히기 때문이네. 그와 같이 만일 내가 나의 눈을 직접 사물들 쪽으로 향하게 하고 그와 같은 감각으로 사물들을 파악하려고 애쓴다면, 나 또한 전적으로 영혼을 눈멀게 하지나 않을까 하고 심히 걱정되고 두려워지네. 그래서 나는 사물들의 진리를 볼 수 있도록 개념들 쪽으로 도피해야만 한다고 생각되네."[011] 여기에서 요구되고 있는 것은 『국가』의 중간권들에서 자연에 대한 학문을 받아들이는 입장에서 수행된다. 자연의 구체적이고 감성적인 풍부함과 다양성을 파악하고, 남김없이 사용하려는 의도를 지닌, 자연 자체를 위한 자연에 대한 학문은 없다. 그렇지만 수학적인 이론의 특별한 일례가 되고 수학적 이론을 특별히 사용하는, 즉 자연의 **사물들**을 수학의 문제

---

011 플라톤, 『파이돈』 99D 이하.

들로 전환함으로써 자연의 사물들을 완전히 새로운 고찰의 시점에 두는 순수한 자연이론이 있다. 『티마이오스』에서 자연철학이 개략적인 윤곽으로 제시된 것처럼, 단지 이러한 방식으로만 우리는 자연의 **철학**에 도달한다. 또한, 여기에서 자연의 본질적인 요소들을 자연적인 것에서 찾기를 바라는 노력은 처음부터 거부된다. 이성의 영역에 의하여 단순한 생각 속에서 길을 잃지 않는 사람, 참된 지식(ἐπιστήμη)과 올바른 의견(ὀρθὴ δόξα)의 경계를 더욱더 명확하게 하려는 사람은, 공기, 불, 흙, 물과 같은 감성적으로 지각할 수 있는 사물 중의 하나를 자연적인 것의 진정한 요소로 간주할 수 없다. //S. 147// 진정한 근원요소들, 즉 진정한 시초들로 입증되고, 그러한 것으로서 우리의 사유 고찰을 지탱하는 유일한 요소들은 아마도 순수한 수학적인 형성물 속에 있다. 삼라만상은 질료들의 단순한 혼합이 아니며 오히려 그 자체에서 스스로 형성되는 것으로, 즉 도형들과 수들에 따라 형성되는 것이다. 이러한 기하학적인 그리고 산술적인 구조요소들이 『티마이오스』의 자연철학을 드러낸다. 고대 자연철학에서 감성적으로 주어진 것이자 성질을 지닌 단순히 그러한 것으로서 받아들여진 특수한 질료들이 여기에서는 특수한 도형적 형성물과 질서로 고양된다. 우리가 단순히 지각하여 불이라고 말했던 것이 이제 사면체의 형식으로 특정하게 나타나고, 공기라고 말했던 것은 정팔면체의 형식을 통해 특정한 것으로 여겨진다. 그와 동시에 이십면체의 형태는 물에, 육면체의 형태는 흙에, 말하자면 기초를 두고 사상적으로 초석을 다지게 된다.[012] 그리

---

012 플라톤, 『티마이오스』 48B 이하 그리고 55A 이하.

고 우리가 여기에서 규정적인 다면체 속에 구체적인 세계를 구성하기 위한 보편적인 모델과 도식을 인식하게 되는 것처럼, 생성은 이제 말하자면 새롭고 순수한 수학적인 변용을 경험한다. 이데아의 순수한 존재에 따라 생성은 자신의 **내용**에 대립해 있더라도, 생성 그 자체 안에는 어떤 내적 형식이 존재하게 된다. 왜냐하면, 모든 생성은 **시간**의 통일에서, 즉 그 자체로 흘러가 버리는 것이 아니라 오히려 그러한 것이기를 고수하는 시간의 통일에서 완성되기 때문이다. 그리고 이러한 통일성은 시간의 고유한 불변의 척도들을, 주기들과 리듬들을 가진다. 그러한 것들에서, 시간의 한가운데서 말하자면 움직이게 하는 시간의 배후들에서 세계 전체의 지속적인 질서가 드러난다. 그래서 시간은 "영원성의 움직이는 모상", 즉 그 자체로 지속하는 영원과 일자의 상이 되는데, 수에 따라서 진행하는 상인 것이다.[013] 수와 시간의 수학적인 개념들의 매개를 통해 자연과 생성에서 결국 확고한 질서를 가시화하는 것이 플라톤 체계의 생성과 자연의 변신론이다. 이때 확고한 질서는, 설령 순수한 이데아의 영원한 규정성과는 대등하지 않더라도, 적어도 그러한 규정성과 유사한 필연적 결합이다. 이제 단순히 감성적인 자연 앞에서 느끼던 두려움은 사라진다. 자연 그 자체는 상**으로서**, 여전히 순수한 사상적인 것의 상, 즉 예지적인 것의 상(εἰκὼν τοῦ νοητοῦ)이 된다. 변증가 플라톤이 순수한 개념들의 세계로 향한 길을 열어주기 위해 밀려오는 감각 세계의 형태들을 막아내기 위해 보인 그러한 냉혹함은 //S. 148// 『국가』에서 이미 관철

---

013 앞의 책, 37D.

된 바와 같이 수학적 세계로서의 자연의 직관에 더는 오래 저항할 수 없었다. 『티마이오스』에서도 역시 처음에는 물론 생성하는 것의 고찰은 영원히 존재하는 것을 보는 행위에서 사유가 누린 위안 그 이상도, 그러한 위안과 다른 것도 아니었을 것이다.[014] 그러나 대화의 결론은 이러한 마지막 망설임까지도 넘어선다. 그러한 결론은 근본적으로 지각할 수 있는 신으로서의 세계에 대한 상으로서, 플라톤의 체계에서 볼 때 근본적으로 역설적인 상을 과감히 시도하고 있다. 변증법적인 지식의 엄격한 이상이 감성적인 현실에 세운 장벽은 무너지고—세계창조와 세계창조자의 신화는 자연에 대한, 질서정연한 현상의 세계에 대한 순수한 찬가로 막을 내린다. "왜냐하면, 죽어야 할 운명의 존재와 불사의 존재로 이루어지고, 완전히 가득 차있는 이 세계는 눈에 보이는 모든 것을 포괄하는 가시적인 살아있는 존재로 이루어져 있기 때문이다. 그것은 순수한 사상의 상이고 지각할 수 있는 신이며, 가장 위대하고 좋으며 가장 아름답고 완전한 존재, 바로 그러한 하나의 고유한 세계인 것이다."[015]

그러나 만일 자연의 영역 대신에 **예술**의 영역에서 모순을 고찰한다면, 순수한 형식의 세계와 단순한 상들의 세계 사이의 모순, 에이도스와 에이돌론의 모순이 또 한 번 매우 분명하게 자리 잡고 있다. 왜냐하면, 예술은 "제2의 자연"을 드러내라는 요구를 불러일으키기 때

---

014 앞의 책, 59C 이하 참조.

015 앞의 책, 92B. [《티마이오스》 박종현. 김영균 번역본에 따르면 92C이지만 카시러의 번역 표기에는 92B로 되어 있어 그대로 따랐다.-역자주]

문이다. 그러나 바로 그 때문에 말하자면 예술에서 또 한 번의 굴절이 이루어지고, 존재가 이중으로 반영된, 철두철미하게 **간접적인** 상이 발생한다. 예술은 무한한 것으로 상승하는 대신에, 단순히 파생된 것과 매개된 것의 영역으로 더욱더 깊이 하강한다. 예술에서는 주관성이 자신의 완전한 힘과 풍부함을 누리며 존재하지만, 그러한 주관성은 동시에 완전히 자유로운 자의(Willkür)이다. 어떠한 객관적인 척도나 어떠한 객관적인 법칙에 관해 묻지 않는 자유로운 예술가의 활동은 여기에서 절대적임을 밝힌다. //S. 149// 개념의 능력에 전적으로 대립하고 있는 의견(δόξα)의 능력은 계속하여 형성물을 생성시킨다. 그러한 형성물들은 바로 그러한 의견을 갖는 것(δοξάζειν) 그 자체 외에, 즉 감성적인 표상과 감성적인 판타지 외에는 자신에 대하여 어떠한 판정자도 인정하지 않는다. **자연의** 현상들이 흘러가고 변화하더라도, 심지어 이러한 흐름 속에서 여전히 자연의 현상들이 객관적인 리듬들을, 수학적으로 파악할 수 있는 생성 그 자체의 균형을 인식하게 한다면, 예술이 구축하는 세계에서 이러한 최종적인 장벽도 역시 제거되는 것으로 보인다. 흘러가는 환상들에 이제 더는 어떤 한계도 놓여 있지 않다. 그래서 플라톤의 경우에 예술가는 소피스트들과 동일한 단계로 이동한다. 왜냐하면, 그의 경우에 양자는 실제적인 거장, 즉 주관성의 위대한 거장들이기 때문이다. 플라톤은 이러한 병행을 고집스럽게 고수하였다. 이러한 병행은 『국가』에서 시작해서, 그의 만년 작품인 『소피스트』를 포함한, 소피스트 철학에 대한 놀라운 담판에서 강력하고 체계적인 근거를 마련하게 된다. 철학적인 사유가가 순수한 형식의 영역으로 오르려고 애쓰고 이성에 의하여 변함없이 존재하는 것을 바라보는 것에 전념하는 반면에, 소피스트와 예술가는 그들 자신만이 아니라 우리를 붙드는 현상세계의 알록달록한 상들을 즐긴다. 양자는 단순히 상들의 제작자(εἰδωλοποοί)로, 변증가들, 즉 이데아를 추구하는 자들과 대립한다. 소피스트들의 활동과 마찬가지로, 예술가들의 활동은 미메시스(μίμησις)라는 공통의 유개념 가운데에서 파악되고 이러한 유개념들에 의하여 무가치해진다.[016] 『국가』의 10권 서두에 나오는 유명한 주장처럼, 삼중의 단계들이 발생한다. 변증가는 의미에 따라 포괄되고 이름으로 불리는 모든 다양한 것들에 대하여 **하나**의 개념을, **하나**의 에이도스를 제기한다. 그리고 어떤 개별대상을 사실상 생산하고 그러한 대상을 수공과 기술을 수단으로 제작할 그러한 사람도 역시 불가피하게 근원적 상의 이러한 통일성을 고려해야만 한다. 그래서 가구공은 에이도스를, 즉 침대 혹은 책상의 본질적인 형식을 **만드는** 것이 아니라, 오히려 그는 그것을 이전에 이미 존재하는 모범으로 사용하는 것이다. 그러한 모범을 자세히 들여다보면서, 그는 이제 구체적이고 감성적인 개별적 사물인 특수한 책상 혹은 특수한 침대를 만들어낸다. 그러나 여전히 다른 제작자, 즉 이러한 개별적 도구로 만족하지 않는 제작자가 있다. 오히려 그의 기술은 모든 다른 제작자의 기술을 자기 자신 안에서 파악하려고 하는 것으로 보인다. "왜냐하면, 이러한 동일한 수공제작자는 모든 도구를 만들 수 있을 뿐만 아니라 그는 땅에서 번성하는 모든 것을 남김없이 제작하고 모든 동물을, 자기 자신뿐만 아니라 다른 동물

---

016 플라톤, 『소피스트』 233E 이하, 239D, 254A. 또한 『국가』 605C.

을 제작하고, //S. 150// 그 외에 하늘, 땅, 신들 그리고 하늘에 있는 모든 것을, 땅 아래 저승에 있는 모든 것을 남김없이 제작하기 때문이다. 당신은 지금 아주 놀라운 소피스트들을 설명하고 있습니다. 글라우콘은 대답한다. 너는 믿지 못하는가? 하고 소크라테스는 반문한다. 그러면 너는 도처에 그러한 거장들이란 있을 수 없다고 여기는가? (……) 혹은 너는 너 자신이 어떤 방식으로든 이러한 사물들을 제작할 능력이 있다는 것을 알지 못하는가? 그러자 그는 도대체 그것이 어떤 방식으로 이루어지는지를 묻는다. 전혀 어렵지 않다네. 나는 말했다. 오히려 다양하고 재빨리 적용되는 방식이 있다네. 그렇지만 가장 빠른 방식으로는, 만일 네가 거울을 들고 도처로 여기저기 가지고 다니고자 한다면, 곧바로 태양을 만들고, 하늘에 있는 것을 만들고, 곧바로 땅을 만들고, 너 자신뿐만 아니라 그 즉시 기관들, 식물들과 같은 나머지 살아있는 존재들을, 조금 전에 이야기한 모든 것들을 만들어낼 것이다. ―그렇군요, 그가 말했다. 실제로 존재하는 것이 아니라 가상으로 만들 수 있죠. ― 잘했네, 라고 내가 말했다. 그리고 이러한 거장들 중의 하나가 역시 화가이네. 그렇지 않겠는가? ― 어떻게 아니겠습니까? ― 그러나 비록 그가 어떤 의미에서는 침대를 만들었을지라도, 가시적이지만 실재적이지 않기에, 그가 만든 것을 진정으로 만든 것이 아니라고 너는 말할 것이라고 나는 생각하네." 그래서 순수한 본질형식의 창조자로서 신적인 제작자, 자연적ㆍ현실적인 개별 사물의 제작자로서 인간인 수공제작자, 그리고 단순한 모방자이자 가상의 창조자로서 예술가가 대립해 있다.[017] 그리고 그중 마지막 창조자, 즉 단순한 모방자이자 가상의 창조자인 예술가를 최하위에 놓은 것은 예술가가 근원적인 제작에서 가장 멀리 떨어져 있으며, **근원적인** 창작의 능력이 예술가에게서 사라지는 것이나 다름없다는 것을 의미한다. 플라톤의 경우에, 어떠한 종류의 순수한 창작물도 순수한 관조 없이는 만들어지지도 수행되지도 않는다. 세계의 창조자 자체, 『티마이오스』의 데미우르고스 자체는 // S. 151// 그가 영원한 원상을, 예지적으로 살아있는 존재(νοητὸν ζῷον)의 이데아를 바라봄으로써만 그리고 이러한 "모범"을 따라 생성하는 것을 만들어냄으로써만 감성적 세계를 공간과 시간 속에 창조할 수 있다. 그리고 기술자, 수공제작자도 역시 실제로 생산하는 한, 자신의 손의 수고로움에 의해서 새로운 산물들을 생산하는 한, 적어도 간접적이나마 이러한 이데아를 바라보는 것에 관계해야만 한다. 베틀을 제작하는 수공제작자는 그러는 가운데 개별적인 감성적 사물을 모방하는 것이 아니다. 오히려 그에게 똑똑히 보이는 것은 그와 같은 베틀의 형식이다. 다시 말해서 베틀이라고 규정할 수 있고 베틀의 기능, 고유한 목적이 존재하는 형식인 것이다. 그리고 그의 경우, 만일 제작하는 동안 서랍이 부서진다면, 그는 부서진 것을 보는 것이 아니라 오히려 또다시 그가 처음 만든 서랍의 모범으로 삼은 그러한 근원적 형식을 보면서 다른 서랍을 만든다.[018] 그와 달리 화가의 "자유로운" 예술은, 마치 무에서 창조한 것처럼 보인다. 그런데도 플라톤에 따르

---

017 플라톤, 『국가』 596A 이하 참조.

018 플라톤, 『크라틸로스』 389A 이하.

면, 화가의 자유로운 예술에는 감성적인 모델에 의한 일방적인 종속만이 나타난다. 이제 이러한 감성적 모델 자체는 단순히 모사된 상으로 인식되는 대신에, 근원적인 상으로, 구속력 있는 예술가의 규범으로 변화한다.

우리는 여기에서 플라톤의 방식과 플라톤 그 자신으로부터 대부분 촉발된 그 이후의 예술이론의 방식이 가장 날카롭게 서로 분리되는 지점에 도달했다. 예술이 이데아라는 강력한 플라톤적 개념에 모호하고 애매한 "이상(Ideals)"이라는 개념을 전가함으로써 이후의 이론은 여기에서 나타난 대립을 극복하고, 단순한 "모방"이라는 비난에서 예술을 자유롭게 하고자 시도하였다. 그 이후로 나타난 플라톤적인 사상 세계의 역사적인 표현과 해석에서도 역시 양 개념은 서로 교차하고 있으며 빈번하게 서로에게 전가하는 경향이 있었다. 근대 철학적 미학은 이상이라는 개념을 수용하고 그 개념을 중심으로 옮겨놓으면서 플라톤의 길을 넓히고 있다고 확신시켰을 뿐 아니라, 사람들은 종종 반대로 플라톤의 이데아의 근원적인 의미와 근원적인 경향을 이데아의 이후의 이러한 사상적인 싹으로부터 끌어내고자 시도했다. 그래서 칼 유스티(Karl Justi)는 그의 논문 「플라톤 철학에서 미학적 요소들」에서 그의 근본 의미에 따라 이데아가 논리적이거나 윤리적인 대상이 아니고, 미학적인 대상이라는 것을 논증하려고 시도했고 이데아란 것이 예술가의 작품 속에 직관적으로 명료하게 나타난 그러한 내적 정신적 원상의 객관화이자 실체화라는 것을 논증하려고 시도하였다. //S. 152// 그리하여 유스티가 말하길, "또한 특히 우리가 플라톤의 예술론에 없다고 깨달은 요소는 [이상]의 묘사와 자연의 교정인데, 그것들은 여기에서 철학의 대상들에 해당한다. 왜냐하면, 그는 미의 본질을 미의 본질이 들리지 않은 곳에서 발견하고, 미의 본질이 인정받을 권리가 있는 곳에서 미의 본질을 오해하기 때문이다."[019] 그러나 철학과 예술의 경계가 무비판적이며 희미하다는 이러한 비난은 변증가인 플라톤에게 적절치 않다. 미학적 "이상"이 감성적 세계에서도, 지성적인 세계에서도 특별히 낯설지 않으며, 말하자면 오히려 양자 간의 규정할 수 없는 중심에서 부유해야 한다고 하는한에서 미학적 이상을 관례적인 해석으로 수용한다면, 그것은 이도저도 아닌 것이 된다. 이상을 형성하는 것은 감성적인 토대를 포기할수는 없다. 그러나 그것은 개별적인 감각형성물을 고수하지 않는다. 오히려 최종적으로는 감성적인 형상들에서 주관적으로 "선택할" 수있도록, 일련의 감성적인 형상들을 운행하는 것이다. 그에 반해 플라톤의 경우에 예술적인 활동의 그러한 외관상의 정당성은 오히려 그러한 활동을 매우 날카롭게 비난한 것임을 의미했을 것이다. 왜냐하면, 그것은 심지어 예술적인 "고안"에 대한 의견에, "창안(Inventio)"에 대한 견해에 반대하는 플라톤주의의 체계적인 근본 개념이기 때문이다. 플라톤에 따르면 형식의 통일성, 에이도스의 통일성은 감성적인 다양성들을 주워 모음으로써는 결코 획득할 수 없다. 그처럼 주워 모으는 것은 변증가의 진정한 총괄적인 바라봄(συνορᾶν εἰς ἕν)과 직접 대립할 것이다. 우리는 그렇게 주워 모음으로써 다양성의 세계를 경

---

019 Karl Justi, Die aesthetschen Elemente in der Platonischen Philosophie. Ein historisch-philosophischer Versuch, Marburg 1860, p. 62.

멸하는 대신에, 다양성의 세계 속으로 더욱더 강력하게 끌려 들어가게 될 것이고, 단지 형식의 진정한 보편성으로 스며드는 대신에, 우리는 현상하는 수많은 것들의 끝없는 흐름에만 내맡기게 될 것이다. 진정한 통일성은 결코 개별적인 것의 종합이나 단순한 합이 될 수 없다. 왜냐하면, 통일성과 다양성은 완전히 다른 **차원들**, 다른 "거주지(ἕδραι)"에 속하기 때문이다. 그처럼 자체로 단순히 감성적인 많은 상을 융합해서는 순수한 형상이 결코 발생할 수 없다. 우리가 실제로 동일한 다양한 경우들을 추상함으로써, 동일한 목재들과 돌들을 추상함으로써 동일함의 이념을 파악하고자 한다면, 수학에서 동일함의 이념이 완전히 오해되고 잘못 이해되는 것처럼, 그처럼 그와 같은 것이 올바름, 좋음, 미의 이데아 자체에 적용된다.[020] //S. 153// 다양한 아름다운 것들을 고찰하는 것으로 만족하는 단순히 호기심이 강한 사람들과 미 자체의 근본 형식을 관철하는 진정한 관조자들 간에 놓인 이러한 경계는 플라톤에 의해서 가장 날카롭게 그어진다.[021] 전자와 후자는 꿈꾸는 사람들과 깨어있는 사람에 비교된다. "과연 아름다운 대상들을 인정하는 사람이 아름다움 그 자체를 인정하는 것도 아니고 또한 누군가가 그를 동일한 인식으로 이끌고자 하더라도, 그 사람을 뒤따라갈 수 있는 것도 아니라고 할 때, 너에게는 그 사람이 깨어있는 상태로 산다고 생각되는가 아니면 꿈꾸는 상태로 사는 것으로 생각되는가? 혹은 꿈꾼다는 것은 심지어 어떤 이가, 그가 잠자고 있

---

020 플라톤, 『파이돈』 74A 이하 참조.

021 플라톤, 『국가』 476A 이하.

든 깨어있든 간에, 다른 것과 닮은 것을 단순히 닮은 것으로 생각할 뿐만 아니라 이러한 다른 것 그 자체로 생각한다는 사실에 있지 않겠는가?"[022] 마찬가지로 어떤 현실적인 요소 혹은 주관적인 판타지의 특정 요소를 모아서 구성된 모든 감성적·직관적인 것은 단순한 꿈의 상으로 남는다. 플라톤의 경우에 낮의 밝은 빛, 변증법적인 지식의 빛 그리고 진정한 철학적 본질적 관점의 빛이 꿈의 상으로 바뀌자마자, 이러한 꿈의 상은 사실상 허무 속으로 녹아 사라진다.

"형식"과 "상", 에이도스와 에이돌론 사이의 긴장은 이제 정점에 도달했다. 양자 간의 모순은 완전히 화해할 수 없는 것으로 나타난다. 사실상 우리가 자연의 영역에서 유효한 것으로 여겼던 그러한 매개의 모티프도 역시 예술의 영역에서 거부되는 것으로 보인다. 사람들은 물론 이러한 물음을 던질 수 있을 것이다. 여기에서 관여(μέθεξις)의 사상이 분리(χωρισμός)의 사상에 도움을 줘야 하지 않는가? 다시 말하면 순수한 이데아와는 본질적으로 다른 상이 그런데도 순수한 이데아에 관여하고 그것을 암시할 수 없는가? 자연은 이러한 암시로 이루어져 있는 것으로 여겨진다. 생성의 현상 자체는 자신에서 나온 순수한 수관계들을 통해서, 숙명적으로 연결된 수학적인 질서들을 통해서 영원한 존재형식들의 왕국을 지시한다. 이러한 후자는 그런 까닭에 감추어질 뿐만 아니라 같은 정도로 드러난다. 예술가가 창조한 형성물도 동일한 의미에서 드러나는 것과 마찬가지로 숨겨지지 않을까? //S. 154// 또한 예술가가 창조한 형성물이 이데아에 필적

---

022 앞의 책, 476C.

하지 못하더라도, 그것이 이데아를 위한 어떠한 적절한 표현도 창조할 수 없다고 하더라도, 적어도 이데아를 위한 **상징적인** 표현을 부여할 수 있지 않을까? 사실상 여기에서도 역시 수학의 매개를 통하여 이루어진 화해는 강제성을 띠지 않는 채 나타나는 것으로 보인다. 왜냐하면, 플라톤의 경우 적어도, 모든 미는 항상 개별적인 성질을 띠고, 우리가 미를 자연미 혹은 예술미로 생각할 수 있든 없든 간에, 모든 미가 마침내 순수한 수 규정과 척도 규정에 기인한다는 것에는 어떤 의혹도 인정하지 않기 때문이다. 여기에서 우선 우리는 미의 고유한 **근거**와 미의 완전한 특징과 마주친다. 왜냐하면, 플라톤은 미에 있어서 어떠한 감성적인 형상도 수학의 순수한 형상들에, 특히 입체기하학의 규격을 지닌 물체들에 필적할 수 있다는 것을 인정할 생각이 조금도 없기 때문이다.[023] 그래서 **척도**의 중심개념을 통해 미와 진리는 다시 동일시된다. 그리고 이런 정도로, 『필레보스』에서 "순수한 즐거움"은 조화와 비례에 의해서 분명하게 승인되는데, 이러한 조화와 비례는 그 자체로 전적으로 고유한 자연의 특징이면서, 감성적인 즐거운 감정과는 비교할 수 없는 것이다. 진정한 아름다움은, 대부분의 사람, 예를 들면, 살아있는 신체들의 아름다움이나 어떤 회화들에서 이해하고자 하는 그런 것이 아니고, 오히려 규칙과 직각자를 통하여 규정된 그러한 평면들과 입체들의 미인 것이다. "왜냐하면, 이것들은 상대적으로, 그리고 다른 것들과의 관계 속에서만 아름다운 것이 아니라 영원히 즉자적으로 그 자체로 아름다우며, 감성적으로 근질

---

023 플라톤, 『티마이오스』 53E.

근질한 것과는 관계하지 않는 특별한 즐거움(οἰκείας ἡδονάς)을 유지하기 때문이다."[024] '순수한 즐거움'이라는 이러한 개념을 통해서 이제부터 미학적인 것의 영역이 순수한 형식의 세계에 받아들여지고 순수한 형식의 세계와 화해되는 것으로 보인다. 왜냐하면, 플라톤의 경우에 도처에서 순수한(καθαρόν)의 표현은 체계적인 의미를 가지기 때문이다. 즉 이 표현은 단순한 주관적인 가상에 대립하는 객관적인 본질, 즉 변하기 쉬운 것, 흐르는 것과 자의적인 것에 대하여 절대적인 것, 그 자체로 규정되고, 규격에 맞게 통일된 것을 구분하는 체계적인 의미를 지니기 때문이다. 이러한 기능 속에서 순수한 것의 개념의 근원적인 의미는 종교적인 영역에 도달하게 되는데, 이 개념은 플라톤의 인식론에서와 마찬가지로, 그의 윤리학에서도 받아들여지고 사용된다. 그러나 곧 그가 진정한 미를 특정한 객관적 척도관계로 옮겨놓으면서, 이전에 단순히 모방하는 예술에 대하여 내렸던 판결을 증명하였을 뿐만 아니라 동시에 강화하였다. //S. 155// 왜냐하면 예술가는 단순한 모방에 그칠 경우에, 사물의 객관적인 척도들을 중시하지 않고 오히려 모든 변화하는 것 속에, 즉 사물들의 외적인 현상들이 지닌 모든 우연한 것들 속에 사물들을 묘사하기 때문이다. 그는 사물들을 마치 그것들 자체 내에서 직접 규정된 것처럼 그렇게 제시하지 않고 오히려 사물들이 다른 외부적인 상황에 따라, 예를 들어 변하는 빛에 따르는 것과 마찬가지로 관찰자의 입장과 위치에 따라 관찰자가 볼 수 있게 제시한다. 그는 모든 이러한 주관적인 계기들을 제

---

024 플라톤, 『필레보스』 51C 이하.

거하지 않고 오히려 이러한 계기들을 찾아내고 의도적으로 강조하고 있다. 그는 형상의 실제성 대신에, 갖가지 변화, 단축, 일그러짐으로 이루어진 형상의 가상 이미지만을 내세운다.[025] 그래서 모방자는 인상이 지닌 감성적 직접성에서 우리를 자유롭게 하지 않고, 심지어 이러한 직접성 속에 우리를 붙잡아 두려고 애쓴다. 그는 심지어 이러한 직접성을 고유한 것이자 최종적인 것이라고, 전적으로 "존재하는 것"이라고 주장한다. 이러한 시도에 반대하여, 플라톤의 변증법이 순수하고(καθαρόν) 엄밀한(ἀκριβές), 혼합되지 않고(ἄμικτον) 섞이지 않은(εἰλικρινές)과 같은 다양한 명칭으로 표현하는 것처럼, "순수한 것"의 개념이 제시된다.[026] 존재 영역들의 날카롭고 정확한, 진정으로 "정확한" 분할을 요구하고, 본질과 현상을, 순수한 형식과 감성적인 인상을 아주 엄격하게 분리하려고 시도하는 것이 이러한 모든 명칭에서 공통적으로 나타난다. 그러나 모방적인 예술가들의 첫걸음은 이와 같은 분할을 지양하는 데 있다. 그의 영역은 환영의 영역이며, 가상과 실재성이 서로 뒤섞여 유희하며, 서로 혼합되는 영역인 것이다. 모사하는 예술가의 작품들이 우리에게 미치는 모든 매력은 이러한 작품들이 지니고 있는 위태로운 주술적인 마법에 기인한다. 그것은 플라톤의 경우에, 시인, 화가, 조형예술가의 기술이 사실상 소피스트의 기술일 뿐만 아니라 마법사의 기술과도 같은 선상에 놓여 있기 때문이다.[027] 변증가가 동굴 벽에 드리워진 그림자를 그림자의 본

---

025 특히 플라톤, 『소피스트』 233E 이하. 또한 『국가』 605C.

026 플라톤, 『소피스트』 234C. 또한 『필레보스』 44C 참조.

027 [원본에서는 이 장소에서 이전의 각주의 각주번호가 반복되고 있다.]

질로서, 그림자**로서** 인식하도록 우리를 가르치고, "영혼이 빛을 향하도록 변화"시키는 반면에,[028] 모방자는 이러한 방향 전환에 저항한다. 모방자는 순수한 형상과 순수한 존재의 진리로 돌진하는 대신에, 어스름한 중간에, 빛과 어둠의 한계가 불명확해지는 상태 속에 있다. //S. 156// 괴테의 에피메테우스를 예로 들어 말한다면, 그는 "형상화되고—혼합될 가능성이 있는 흐릿한 영역"에 머문다.[029] 플라톤이 무엇보다도 모방하는 예술에 비난을 퍼붓는 근거는 이러한 혼합, 즉 형식과 상, 양 세계 사이에서 명확하지 않고 부유하는 상태이다. 예술가도 역시 감성적인 현상의 세계가 유일하고 오로지 주어진 것인 양, 더는 직접 감성적인 현상의 세계 속에서 살지 않는다. 감성적인 현상의 세계가 그에게도 역시 일종의 환상과 그림자 상일 때, 예술가는 바로 그러한 그림자 자체에 생명을 불어넣고 그러한 그림자를 존재의 가상과 매력으로 치장하는 데에 모든 노력을 다한다.

그리고 여기에서부터 단번에 플라톤적 예술론이 지닌 가장 기이하고 가장 역설적인 특징들 중의 하나가 분명해진다. 이후의 모든 예술론은 미와 예술의 상관관계로 귀착되는데, 그러한 관계를 거의 자명한 전제와 같이 수용한다. 그러나 플라톤의 경우에, 이러한 상관관계는 그와는 반대로 바뀐다. 우리는 플라톤이 미의 이데아에 부여했던 결정적인 입장을 인식한다. 『향연』의 디오티마의 말에서 그리고 『파이드로스』에서 세 번째 위대한 사랑에 대한 대화에서 미의 이데

---

028 플라톤, 『국가』 521C 참조.

029 [괴테, 『판도라』, 첫 번째 축제극(괴테전집, 제1부, 제50권, pp. 295-344, p. 299, 12행)]

아로 향한 영혼의 상승에 대한 묘사는 광채와 강력한 정신적인 빛의 힘으로 이후의 모든 세대를 풍요롭게 했던 플라톤의 묘사력의 걸작들에 해당한다. 르네상스는 여기에서 플라톤에 관해 훨씬 더 깊이 이해하고자 심혈을 기울였을 뿐만 아니라, 이후에 모든 위대한 시대들도 예술적인 작품과 반성적인 예술 고찰에 있어서 되풀이해서 모든 예술적인 형상들에 대한 고유하고 사변적인 확증과 정당화로서 플라톤의 에로스론으로 되돌아갔다. 그러나 플라톤 자체에 관한 한, 여기에 역사와 맺고 있는 관계는 이러한 형식 속에서 계속 유지되지 못했다. 플라톤이 찬미한 사랑의 기술은 시인들이나 조형 예술가들의 기술이 아니고, 오히려 소크라테스적인 기술, 즉 변증술이다. 소크라테스가 진리의 문제에서와 마찬가지로 미의 문제에서도 특별히 모호하면서도 진정으로 "아이러니한" 관계를 맺고 있다는 점이 소크라테스라는 인물의 가장 심오한 특성들에 해당한다. 그도 그럴 것이 플라톤은 『향연』에서 소크라테스라는 인물의 특성들을 불멸의 특징들로 묘사하고 있다. 소크라테스는 숨겨진 채 보이지 않는 상태로 신적인 상을 지닌 실레누스와 닮았다. 그는 미의 감성적 현상들 속에서 미의 이데아를 부정하면서도, 그것을 설명한다. 이러한 의미에서 미의 본질은 끊임없는 매력을 품고 있는데, 이러한 매력은 동시에 끊임없는 경고를 의미하기도 한다. //S. 157// 그리고 플라톤은 이러한 경고를 더욱더 깊이 자신의 것으로 받아들였다. 그의 경우에 소크라테스의 물음을 더욱더 포괄적으로 만들면 만들수록, 그에게 단순히 감성적인 형식과 정신적인 형식 간의 한계들이 훨씬 더 분명해진다. 그가 미의 이데아를 들어 올릴수록, 그의 경우에 이제 모방하는 예술의 외양은 더욱더 아래로 추락한다. 왜냐하면, 예술가가 몰두하는 감성적인 형상에 대한 관찰은 과연 미의 세계로 상승하는 첫 번째 단계이자 통과지점인 것이다. 그러나 그것은 마땅히 그러한 통과지점일 뿐이기 때문이다. 진정한 에로스는 그가 처음에 열망한 감성적·물질적 형상에 머물지 않는다. 오히려 아름다움은 육체의 아름다움에서 에로스를 더 멀리 영혼의 아름다움으로, 행위의 아름다움으로, 노력, 인식의 아름다움으로 몰아간다. "갖가지 아름다움을 그러한 순서로 그리고 올바르게 바라보면서, 여기까지 사랑 안에서 길러내진 사람은, 사랑의 기술 완성에 가까워지는 가운데, 갑자기 본성상 놀랄 만한 아름다움 중의 하나를 알아보게 됩니다. 그 아름다움에서 그의 이전의 노력이 가치가 있는 것입니다. 아름다움은 항상 존재하는 것으로, 생성되는 것도 사라지는 것도 아닙니다. 자라는 것도 없어지는 것도 아닙니다. 그것은 지금은 아름답지만, 다음에는 추한 것도 아니며, 어떤 것과 비교하여 아름답고, 다른 것과 비교하여 추한 것도 아닙니다. (……) 오히려 자기 자신에서, 자기 스스로에 대하여, 자기 자신 내에서 그 자체로 도처에서 형상의 동일한 통일성이 영원히 유지되는 것입니다. (……) 그리고 삶에 대한 이러한 입장에서, 만약 인간이 아름다움 그 자체를 바라본다면, 비로소 인간은 살 가치가 있게 됩니다. 만일 그가 그것을 알아본다면, 그는 아름다움 그 자체를 뛰어난 도구나 장신구 혹은 아름다운 소년들이나 청년들과 비교하려고 하지 않을 것입니다."[030] 그러나 이러한 "초월", 즉 감성적으로—제한된 그리고 감성적으로 개별

---

030 플라톤, 『향연』 210E 이하.

화된 모든 것들에 대립하는 초월을 모방하는 예술은 결코 알지 못한다. "존재의 피안(ἐπέκεινα τῆς οὐσίας)"[031]으로 상승을 감행하는 대신에, 모방하는 예술은 모방이라는 목발에 의지하여, 즉 감성적으로 주어진 것에서부터 힘겹게 손으로 더듬어 나아간다. 변증법은 처음으로 우리에게 여기에서 진정한 길, 아름다움이라는 드높은 바다로 향한 길을 안내한다.[032]

//S. 158// 그래서 사람들은 마치 그것이 엄격하게 고수되어온 하나의 동일한 사상 분위기라고 생각하며 예술과 미에 대한 플라톤의 모든 판단을 규정하는 체계적으로 완성되어온 하나의 동일한 근본 대립인 것처럼 여긴다. 사람들이 플라톤의 대화들을 전체로 인정한다고 하더라도, 여전히 그들은 종종 플라톤의 대화들에서 이러한 분위기와는 일치하지 않은 다른 톤과 울림을 충분히 감지한다. 플라톤의 대화는 특정한 객관적인 사상들을 전적으로 설명하였지만, 거기에만 완전히 몰두한 것은 아니었다는 그러한 점이 바로 플라톤의 대화의 본질적인 매력을 형성한다. 개념의 객관적인 체계 외에도 사상 과정의 주관적인 운동과 생동성이 플라톤의 대화에 각인되어 있으며 문제들의 보편적인 내용 외에도 사유가의 개별적인, 영혼적인 문제점이 새겨져 있다. 양자가 항상 직접 서로 관여하지 않으며, 완전한 일치에 도달하지도 않는다. 오히려 종종 플라톤에게서 가장 개인적인 것과 가장 개별적인 것이 함께 표현될 때, 어떤 미세한 동요, 가벼

---

031 [플라톤, 『국가』 509B]

032 플라톤, 『향연』 210D.

운 차이 음을 들을 수 있을지도 모른다. 이러한 차이들, 이러한 내적 긴장이 예술가와 예술작품에 대한 플라톤의 판단들에서 가장 분명하게 나타난다. 그가 예술의 환영과 속임수를 더 확실하게 경고하면 할수록, 그 스스로 이러한 매력에 대해 잘 파악할 수 있으며, 힘겹게 거기에 대해 투쟁하고 있다는 것이 더욱더 잘 감지될 수 있다. 그는 『국가』의 한 부분에서, 즉 그가 비극적인 시와 그러한 시의 안내자인 호메로스를 "환영들"의 단순한 제작자로 만들고, 그러한 제작자를 로고스의 이름으로 국가에서 추방하는 부분에서, 그리스의 시, 특히 호메로스가 얼마나 깊이 그에게 영향을 미쳤는가 하는 것을 스스로 고백한다.[033] 그리고 『파이드로스』는 모든 담화의 기술에 대항하여, 수사학의 모든 매력과 유혹에 대항하여, 여전히 지식의 순수한 개념, 변증법의 개념을 내세운다. 그런데도 동시에 『파이드로스』는 예술가의 신적 광기(θεία μανία)에 대한 논쟁을 통해 그것에 관한 가장 심오한 권리를 얻어낸다.[034] 그래서 결정적으로 이데아의 "초월"이 옹호된다면, 이제 적어도 미의 이데아에 의하여 감성적인 모상이 인정된다. "왜냐하면, 올바름, 사려 깊음, 그리고 영혼을 즐겁게 하는 것, 그러한 것들의 모사된 상들은 여기 지상에서는 어떠한 광채도 지니지 않으며, 오히려 극소수의 사람들만이 흐릿한 도구들을 활용하여 그러한 상들에 가까이 가면서, 그러한 상들 안에 있는 일종의 근원적인 상을 단지 인식할 수 있을 뿐이네. 그러나 영혼이 장엄한 광경들의 지극

---

033   플라톤, 『국가』 598E 이하 참조.

034   플라톤, 『파이드로스』 244A.

히 행복한 합창을 경험하던 그럴 즈음에는 아름다움은 빛나 보였네. (……) 그뿐만 아니라 우리는 지금도 여전히 아름다움, 즉 가장 선명한 우리의 감각을 통해서 우리에게 가장 선명하게 빛나는 것을 파악한다네."035 //S. 159// 『파이드로스』의 개별적인 문체에 이르러서도 감성적인 미의 문제에 대한 플라톤의 이중 입장은 계속된다. 왜냐하면, 순수한 형식의 영역은 어디에도 없기 때문이며, 색채도 없고 형태도 없고, 단지 이성 자체를 통해서만 볼 수 있는 그대로의 존재는 훨씬 더 큰 세력으로 알려졌고 현상들의 모든 감성적인 현존재와 확실하게 구별되기 때문이다. 심지어 다른 한편으로 플라톤은 그에게 고유한 것인 감성적 · 조형적인 묘사의 힘을 어떤 다른 작품에서도 여기에서처럼 보여주지 못했다. 소크라테스와 파이드로스가 이야기를 나누던 일리소스의 강가의 풍경은 모든 개별적인 특징까지도 구체적이고 선명하게 나타난다. 여기에서 모든 것은 선명한 윤곽을 드러내는 개별형태들로 묘사되어 있으며 부드러우면서도 느긋한 색조로 그려져 있다. 여기에서 플라톤 자신 안에서의 대립들, 즉 그의 철학, 그의 이론을 필연적으로 그 자체로 특징짓고 유지하게 하는 그러한 대립들이 만나고 화해한다. 『파이돈』의 설명에 따르면 소크라테스가 죽기 바로 직전에, 뮤즈 신을 숭배하라는 신의 권고를 그의 철학으로는 진정으로 완전하게 만족하게 할 수 있을지 의심스러워036 시의 창작을 시도하였던 것처럼, 플라톤의 『파이드

---

035 앞의 책, 250B 이하.

036 플라톤, 『파이돈』 60D 이하(역주: 소크라테스는 꿈속에서 문예에 힘쓰라는 신의 권고를 들었으나 사형을 선고받기 전까지 철학이 최선의 문예라고 생각했으나 이즈음 그

로스』역시, 한편으로는 변증법의 개념을 가장 정확하고 분명하게 전개하고 있지만, 그와 동시에 플라톤이 예술을 미메시스(μίμησις)의 영역으로 추방하고 그러한 영역에 제한하고자 시도할 때 의거했던 거부의 판단들을 다시 취소하는 일종의 팔리노디(Palinodi)를 포함하고 있다. 왜냐하면, 플라톤 자신은 『티마이오스』에서와 마찬가지로 여기에서 다시는 단순히 모사하지 않고 오히려 진정한 의미에서 형성되는 새로운 예술을 발견하고 수행하기 때문이다. 신화적인 이야기의 예술은, 그것이 절대적인 진리를 요구하지는 않더라도, 단순한 기만이 아니고, 오히려 "있을 법한 것"의 상들 속에서 진리 자체를 명백하게 한다.

그리고 반대되는 다른 측면에서도 역시, 플라톤 체계에서 기인한 거대한 극적인 대립들을 완화하는 데로 이끄는 특정한 모티프들이 작용한다. 상 자체는 예술의 영역에서 전적으로 친숙하다. //S. 160// 그뿐만 아니라 상이 지닌 본래의 성과가 순수한 인식의 영역에까지 넓게 뻗쳐 있다. 이러한 점들이 더욱더 잘 나타나고 있기 때문이다. 수학적인 인식은 자신의 불변성과 영원성 속에서 그리고 자신의 순수한 상태에서, 그 자체로 순수하게 이데아를 향하는데, 이러한 **수학적** 인식에게는 감성적인 도움과 조력이 어떤 방식으로든 결여될 수 없다. 단지 상들에서만, 단지 감성적인 개개의 경우에서만 수학적 인식은 보편적이면서도 상이 없는 것의 본성을 묘사할 수 있다. 상과의 바로 그러한 관계, 상과의 결부가 수학자의 방법과 변증가의 방법에

것이 진정 신의 뜻이었는지 의심한다.)

본래의 경계를 형성한다. 플라톤이 분명하게 명명했듯이, 이제 사상적인 것에서 감성적인 것을 보다 명확하게 방법상으로 절개할 뿐만 아니라, 그러한 절개선(τμῆμα)이 순수한 사상의 영역 한복판을 관통하고 있다. 왜냐하면, 한 측면에서 생각해 본다면, 영혼은 진정한 것의 관계를 그 자체로 순수하게 파악하고, 마침내 최종적인 전제조건이 없고, 상이 없는 그러한 관계의 시초에까지 더듬어 소급해가면서, 영혼은 오로지 이러한 것 자체와 관계하기 때문이다.[037] 그러나 생각할 수 있는 또 다른 측면에서는, 영혼이 이러한 가시적인 상들 자체가 아니라 오히려 이러한 상들과 견줄만한 다른 것을 감각 속에 지니고 있음에도 불구하고, 이러한 상들을 숙고하면서 이러한 상들과 관계하기 때문이다. 그리고 바로 이러한 점에서 상에 사상을 결합하는 일을 멈추지 않는다. 순수한 사유와 논리적인 귀결에서 항상 존재하는 것을 바라보는 일에 전념하는[038] 변증가, 즉 철학자도 역시, 이론을 위해, 그리고 이론을 전달하기 위해 이러한 직관의 결과를 **말**로 붙잡으려고 시도하자마자, 다시 상의 힘에 휩쓸려 들어가는 것을 느낀다. 왜냐하면, 말로 된 모든 묘사는 철두철미하게 그것이 표현하고 나타내려고 시도한 대상 자체에 부적절한, 간접적인 설명이기 때문이다. 그런 까닭에 이제 플라톤은―『제7 서한』의 위대한 철학적 부연설명에서―우리가 원의 순수한 개념을 설명하기 위해 마련한 감성적이고 물질적인 모델과 비교하면서, 특정한 말로 된 언어

---

037 플라톤, 『국가』 510A 이하 참조.

038 플라톤, 『소피스트』 254A.

적인 묘사를 가리키고 있다. 양자, 즉 감성적인 상 그리고 소리와 언어의 상은 단지 순수한 인식의 측면에서 볼 때 동일한 조건과 제한하에 있다. 이름(ὄνομα)과 상(εἴδωλον)은 원 그 자체의 순수한 의미(αὐτὸς ὁ κύκλος)에서 아주 멀리 떨어져 있다. 최종적인 것과 무제한의 것을 추구하는 비극, 그럼에도 그러한 무제한의 것을 묘사하는 데 있어서, //S. 161// 간접적인 표현의 지양할 수 없는 한계에 묶여있다는 비극은 그 때문에, 예술가에게 명증했듯이, 이제 변증가에게 명증한다. 설령 사람들이 모방이라는 개념을 더 넓은 의미에서 취하고자 하더라도, 변증가도 역시 그의 최종적인 인식을 언어적으로 나타내고자 실행하는 한에서, 그는 간접성의 영역 너머로, 모방의 영역 너머로 나아가지 못한다. 그러나 다른 한편으로 이러한 간접성은 순수하게 부정적인 것으로 이해되지도 평가되지도 않고, 오히려 가장 고귀한 철학적 인식에 없어서는 안 될 **제1단계**로 해석된다. 왜냐하면, 최종적으로 이성적인 통찰이 인간적인 본성에서 허락되는 한에서, 단지 제1단계를 통과한 사람의 경우에만, 지칠 줄 모르는 노력으로 이름과 언어적인 정의의 영역을, 감성적인 직관과 지각의 영역을 통과한 사람의 경우에만, 모든 개별적인 것들에 대한 이성적인 통찰이 빛을 발하기 때문이다. 그래서 노년으로 접어드는 플라톤의 경우에 사유의 최종적이고 가장 극단적인 **긴장**은 최종적이고 심오한 **자기 겸손**으로 나아간다. 즉 상이라는 매체가 특별한 인간적인 표현이며, 우리가 최고의 정신적인 것들에 부여할 수 있는 것이라는 이유에서, 상이라는 매체를 더는 경멸하지 않는 그러한 자기

겸손으로 나아간다.[039]

예술이 단순한 모사의 영역으로 업신여김을 당하지 않게 되었더라도, **예술**은 물론 지금도 여전히 철학적인 체계를 구성하고 확장하는 데 있어서 어떠한 장소도 차지하지 못하고 있다. 왜냐하면, 예술은 여전히 로고스의 단호한 명령에 대처하지 못하는 것으로 보이기 때문이다. 플라톤은 『국가』에서 말하길, "만일 잘 다스려지는 국가에서 예술이 한 자리라도 얻기 위하여 어떤 근거를 댈 줄 알게 된다면, 우리가 즐거움에 봉사하는 시적이고 모방적인 예술을 기꺼이 받아들이게 될 것이라고 어쨌든 말해두세. 왜냐하면, 우리는 예술에 의해 얼마나 잘 매혹되는지 잘 의식하고 있기 때문이네. 그러나 우리에게 진리로 나타난 것을 포기하는 것은 경솔한 짓일 것이네. (……) 왜냐하면 싸움은 (……) 중대한 것일세. (……) 마치 싸움이 대부분 사람에게, 사람이 좋은가 혹은 나쁜가를 나타내는 것처럼 그렇게 되어서는 안 되네. 그리하여 사람이, 격양된 상태에서, 명예를 통해서, 돈을 통해서도, 어떤 힘을 통해서도, 또한 시를 짓는 힘을 통해서도 올바름과 그 밖의 다른 덕을 무시하게 해서는 안 되네."[040] 그래서 논리학자이자 윤리학자인 플라톤의 전체적인 파토스는 예술의 유혹과 매력을 저지한다. //S. 162// 플라톤 체계는 어떠한 철학적 미학도 알지 못하며, 실로 단 한 번도 그러할 가능성을 알지 못했다. 그럼에도 불구하고 어떤 방식으로 어떤 역사적인 매개에 의해서 그와 같은 체계로부

---

039 플라톤, 『제7 서한』 342A 이하, 특히 344B 참조.

040 플라톤, 『국가』 607C 이하 참조.

터 미학의 근본 전제가 생긴 것인지는 여기에서 더는 계속 추구할 수 없다. 단지 플라톤 자신에게 이미 생동감 있게 존재했지만, 신플라톤주의에서야 비로소 완벽하게 작용하게 된 사상적인 동기만을 여기에서 아주 짧게 대략 말하고자 한다. 모든 진정한 에로스는 창조적인 에로스로 존재해야만 한다는 것이 플라톤의 **사랑론**의 근본 사상이다. 인간들의 모든 진정한 정신적인 힘은 어떠한 방향으로 가든지 혹은 사유 속에서, 행위 속에서, 상들 속에서 작용하든지 간에, 어쨌든 생산하는 힘이다. 진정한 에로스가 목표로 삼는 것은 소유도, 미의 단순한 직관도 아니고, "미의 산출"이다. "왜냐하면, 모든 인간은 (……) 육체에서와 마찬가지로 정신에서도 생산력이 있기 때문이다. 그리고 모든 인간이 어느 정도 나이가 들면, 우리의 본능은 생산을 추구한다. 그러나 모든 인간은 추함에서가 아니라 아름다움에서 생산할 수 있는 것이다. (……) 그래서 심지어 생산은 영원한 것이자 불멸의 것이다. 마치 그것은 영원한 것이자 불멸의 것이 사멸하는 것 속에 존재할 수 있는 것과 마찬가지이다. (……) 단지 (……) 육체적으로 생산할 마음이 있는 사람들만이 여성들에게 향해 간다. 그러면서 그들은 많은 자식을 통해서 불사와 지속적인 추억 그리고 행복을 모든 다가올 미래를 위해 생산한다고 생각한다. 그러나 영혼에 의해서 생산할 마음이 있는 사람들은 (……) 영혼에서 생산되어 마땅한 것, 즉 지혜를 비롯한 영혼이 지닌 모든 다른 탁월함으로 다가간다. 그러한 것의 산출자 역시 모든 시인이며, 그러한 모든 조형예술가이다. 그들에게는 진정한 독창력이 내재해 있다(καὶ τῶν δημιουργῶν ὅσοι λέγονται εὑρετικοὶ εἶναι). "[041] 다만 플라톤 그 자신의 경우에 미메시스의 개념은 생산하는 형태들과 생산하는 인식이라는 이러한 개념 속에서, 예술가에게서 거부될 수 없는 유레카적인 것의 개념 속에서 //S. 163// 첫 번째 고도의 균형을 유지한다. 예술에서도 역시 단순한 미메시스가 있는 것이 아니라 진정으로 생산하는 기능이 존재한다. 예술도 역시 오로지 **모방**이 아니라 구성하는 **묘사**의 독자적인 형식으로 이해될 수 있다. 플로티누스는 이러한 모티프를 수용했고, "예지적인 아름다움"에 관한 그의 이론에 포함했다. 만일 피디아스가 제우스상을 만든다면, 그는 제우스를 어떤 개별적인 감성적인 모델에 따라 제작한 것이 아니라, 제우스 스스로가 우리에게 감성적으로 구체화한다고 생각된다면 제우스 자신에게 주어졌을 그러한 형태를 부여한 것이다. 이러한 문장들에는 플라톤주의 자체의 역사 내에서 일어난 예술의 새로운 체계적인 평가의 조짐을 보여주고 있다. 이제 예술은 더는 **형성된** 세계의 재생이나 모사가 아니라 **형상화** 자체의 원동력으로, 원리로 되돌아간다. 그래서 영원한 원상으로서 이데아를 관조함으로써 감각 세계를 탄생시킨 신성한 데미우르고스와 함께, 진정한 예술가는 일련의 흐름 속으로 들어선다. 아우구스티누스와 마르실리우스 피치노, 지오르다노 부르노, 샤프츠베리와 빙켈만을 통하여, 이러한 근본적인 전망은 더욱더 근대의 정신적인 공유재산이 되었다. 이제 르네상스 이래로 미학과 예술이론의 새로운 형식이 나타난다. 그것들은 플라톤 자체에 기초를 두

---

041 플라톤, 『향연』 206B 이하.

고, 지속해서 플라톤을 떠올리면서, 플라톤이 예술에서는 승인하지 않았고 그의 이론의 체계적인 전제에 의해 예술에 승인할 수 없었던, 그러한 이론적이고 체계적인 "정당화"를 예술 세계에서 쟁취한다.[042]

---

042 이러한 전개에 대하여, 여기에서는 더 확장시켜 살펴보지 못하지만, 에르빈 파노프스키(Erwin Panofsky)의 뛰어난 역작에서 서술되고 있다. 그는 여기에서 다룬 문제와 관련하여, 플라톤적인 근본사상이 새로운 시대의 미학과 예술이론에 미친 영향을 추적하고 있다(Erwin Panofsky, *Idea*, Ein Beitrag zur Begriffsgeschichte der ältern Kunsttheorie, Leipzig/Berlin 1924(Studien der Bibliothek Warburg, Bd.5).

괴테의 판도라

괴테의 판도라[001]

I

//S. 9// 괴테의 모든 작품 가운데 어느 것도 『판도라』보다 추상적이고 "철학적으로" 해석할 수 있을 것 같지 않다. 『판도라』의 내용과 구성의 완전한 이해를 위해서는 그러한 해석이 필요할 것으로 보인다. 『파우스트』 제2부조차도 그와 같은 강도의 해석을 요구하지 않는다. 왜냐하면, 『파우스트』 제2부는 근원적인-시적인 고유한 삶, 즉 모든 개별 요소들의 내적이고 예술적인 관계를 지니고 있어서, 그러한 관계는 우리를 거듭 진정한 원천으로서 혹은 본래적인 "설명원리"로서의 괴테 **시**의 고유한 형식법칙으로 되돌아가게 만들기 때문이다. 그에 반해 『판도라』의 경우에는, 일반적인 개념으로 표현될 수 있는 그 작품의 알레고리적인 내용을 자신의 것으로 삼았을 때야 비로소, 개별적인 시적 내용도 역시 해명될 수 있을 것으로 보인다. 괴테 자신은, 직접 "다양성과 개별성"을 지향하지 않지만 "더욱더 일반적인 것

---

001 괴테의 『판도라』는 1808년에 1부와 2부로 계획됐고 1부만 1810년에 출판됐다.

으로" 향하고 있는 자신의 만년의 시 양식의 일례로, 『판도라』를 들고 있다. 그 작품의 외적인 형식에서와 마찬가지로, 내적인 형식에서도 일반적인 것으로 향하는 이러한 특징이 나타나 있다. 괴테가 그렇게 의식적으로 **기술적인** 관심을 두고 더없이 다양한 종류의 리듬과 박자를 능숙하게 다루고 있는 곳을 여기 외에는 달리 찾아볼 수 없다. 그는 그와 같은 다양한 시적인 양식형식(Stilform)을 그처럼 협소한 공간으로 한데 밀어 넣고 있는 것이다. 그러나 어느 형식도 특유하고 필연적으로 그 작품과 하나로 얽혀있지 않다는 점, 그리하여 그러한 형식이 괴테의 감정 내용을 전적으로 유일무이하고 불가항력적으로 표현하고 있다는 바로 그 점이 모든 형식을 완전히 능숙하게 다루고 있다는 것을 보여준다. 이러한 충만함에는 다소 자의적인 데가 있는데, 고대의 유산을 새롭게 획득하고 새롭게 활성화하는 것에 일종의 노련한, 반쯤은 박식하고, 반쯤은 시적인 그러한 **의도**를 수반하고 있는 것으로 보인다. 그리고 그 시의 내용과 기본 계획을 고려한다면, 여기에서 시 자체가 수용하고 있는 교훈적인 특징이 더욱더 분명하게 나타나고 있다. 대체로 받아들여지듯이, 이러한 계획의 핵심이 문화의 생성과 성장에 대하여, 인간세계에 출현한 문화에 대하여 묘사하는 데 있었다면, 그리고 학문과 예술이 처음으로 이 세계에 전해졌고 최초의 싹으로부터 어떻게 전개되었는지를 상징적인 상들 속에 보여주는 것에 있었다면, 이것만큼 추상적이면서도 극적이지 않은 주제를 쉽게 떠올릴 수는 없을 것이다. //S. 10// 그럼에도 다른 측면에서 볼 때, 단지 작품 자체의 순수하고 얽매이지 않은 인상에 내맡겨둘 필요가 있다. 그럼으로써 동시에 완전히 다른 영역, 즉 개별적인 것에서의 모든 개념적인 설명이 불충분하게 되고 단지 시 전체만이 서정적—드라마적인 전체로서 확실히 지각할 수 있는 영역으로 옮겨진다는 것을 느낄 수 있기 때문이다. 그 시 전체를 통해서 통일적인 근본 정조가 영향을 미치고 있는데, 필에로스의 열정적인 폭발, 에피메테우스의 미에 대한 찬가, 그리고 에피멜레이아의 비탄 속에서 가장 순수하고 가장 강력하게 울려 나오는 그러한 멜로디의 음조가 작동하고 있다. 여기에서 시의 통일적인 "의미"에 대한 모든 의혹과 모든 이론적인 심사숙고를 멈춰야만 한다. 왜냐하면, 사람들이 괴테의 가장 고유하고 예술적인 형태화 방법의 핵심을 다시 지시하고 있다고 직접 느끼기 때문이다. 만년 괴테의 가장 완성된 서정적인 작품들, 즉 『마리엔바드의 비가』 혹은 『서동시집』의 "재발견"이라는 시를 상기시키는 그러한 능력과 깊이로, 괴테의 자연 감정과 그의 개별적인 인간 감정과 삶의 감정이 여기에서 표현되고 있다. 물론 『판도라』 시의 이러한 본래적이고 서정적인 정점들을 "드라마적인 알레고리로 이루어진 서정적인 막간극"으로 여긴다면, 즉 거기에서, 마치 최근에 군돌프와 같은 예민한 비판자가 그러하듯이, 고대 오페라에서처럼 작품 전체에서 벗어난 "브라부라 아리아(Bravourarien)"[002]만을 보고자 한다면, 작품의 예술적인 통일성은 잃어버리고, 『판도라』에서 단지 "조각난 단편"만을 볼 작정을 해야 할 것이다. 그것이 괴테 자신이 일찍이 접하게 된 견해이며, 체념하여 타협했던 견해이다. 슈타인 부인이 단지 작품의 개별적인 부분만을 진정으로 자신의 것으로 삼

---

002 역주) 고도의 기교를 요구하는 아리아.

을 수 있다고 괴테에게 고백했을 때, 그는 그녀에게 답하길, 사실상 전체는 독자에게, 이를테면, 비밀에 싸인 채 작용할 수 있다고 답장했다. "독자는 전체 속에서 이러한 작용을 느끼지만, 이러한 작용을 분명하게 말할 수 없다. 그러나 거기에서 독자의 즐거움과 불쾌, 관여와 혐오가 생겨난다. 이와 반대로 독자가 선택할 수 있는 개별적인 것은 본래 독자에게 속하는 것이며 독자에게 인격적으로 알맞은 것이다. 그 때문에 **물론 전체의 형식과 의미가 중대한 관심사인** 예술가는 자신이 본래 열의를 가지고 임한 개별적인 부분이 쾌적함과 기쁨에 대적한다고 하더라도 매우 만족할 수 있을 것이다."

//S. 11// 다음에 진행할 고찰들은 예술가로서 괴테가 의식하고 있었던 **전체**의 이러한 의미를 표명하려고 시도할 것이다. 그러나 이 경우에, 우선 우리가 외견상 서로 대립하는 이중의 현상방식 속에서 전체의 이러한 의미와 접하게 되는 것은 물론 시 자체의 특성과 구성 속에 근거하고 있다. 개념형식과 사상형식은 여기에서 처음부터 체험형식과 시 형식으로 완전하게 녹아들지 못하고, 오히려 전자는 후자에 대하여 독자적이고 분리될 수 있는 상태를 지니고 있다. 그러나 근원적으로 형태를 형성하는 모티프가 전개되면 될수록 이러한 이원주의에 머물러 있지 않게 되고, 오히려 괴테 노년의 완숙한 모든 시에서와 마찬가지로, 심사숙고와 바라봄, 사상과 체험의 새로운 독특한 통일을 이루게 된다. 시의 내부에서 어떻게 이러한 통합이 수행되는지, 즉 예술적인 상이 점점 더 순수하게 사상의 각인을 어떻게 수용하는지, 다른 한편으로는, 사상이 상과 감정의 각인을 어떻게 수용하는지를 보여주고자 한다. 왜냐하면, 이러한 이중의 과정은 비로소

『판도라』가 괴테의 시 전체에서, 또한 괴테의 세계관과 인생관 전체에서 무엇을 의미하는지를 나타내주기 때문이다.

II

이러한 의미에서 물음을 제시한다면, 물론 시의 **소재적** 전제들에 속하는, 즉 판도라 전설과 판도라 신화의 내용에 속하는 모든 것이 고찰에서 우선 제외된다. 괴테가 고대의 전승이 제시한 판도라의 신화적인 상으로부터 어떤 외적인 자극을 받았을 수는 있었겠지만, 진정한 창조적인 형태화의 측면에서는 어떤 식으로든 그러한 상에 의해 규정되지 않았다. 그가 그러한 상을 자신의 인생관과 예술적인 감정으로부터 끌어내어 자기의 것으로 만들 수 있기에 앞서, 우선 그는 이러한 상을 변형해야만 했고, 본질적인 점에서 이러한 상과는 대립하는 것으로 변화시켜야만 했다. 그 작품 자체는 이 경우에 특징적인 암시를 보여준다. 프로메테우스가 에피메테우스와의 대화 속에서 그리스 전설의 판도라를 언급하고 있는데, 즉 헤시오도스의 잘 알려진 보고문에 따르면, 제우스의 명령으로 헤파이스토스가 판도라를 만들었고 아테네와 헤르메스, 카리스들(우미의 여신들)과 페이토가 인간 파멸을 목적으로 갖가지 기만적인 선물들을 마련했다는 것이다. 그 때 에피메테우스가 언짢아하며 "그러한 근원의 우화적 망상"을 거부한다. 괴테의 판도라는 이러한 그릇에서 모든 사악함이 떠올라 인간 세계 전역으로 퍼져나가게 한 매혹적인 다이몬이 아니고 오히려 그녀는 모든 것을 부여받은 자이자 모든 것을 나누어주는 자이다. //S. 12// 왜냐하면 어떠한 악도 신들로부터 인간에게 접근하지 않기 때문이다. 죄 없는 신(Θεὸς ἀναίτιος)이라는 플라톤의 모토는 괴테의 경우에도, 적어도 고전기의 괴테의 경우에도 해당한다. "소망할 수 있는 것, 그것을 지상의 당신들은 느낀다; 주어질 수 있는 것, 그것을 천상의 사람들은 알고 있다." 그래서 괴테의 판도라는 오로지 플라톤적인 에로스라는 의미에서만 다이몬인데, 즉 결핍과 풍요로움, 유한한 것과 무한한 것, 필멸의 것과 불멸의 것을 서로 결합함으로써 "모든 것을 결합하는" 것으로 규정된 것이다.

그리고 그럼으로써 이제 바로 그 시의 더 깊은 사상적인 단계로 들어서게 된다. 그 시와 플라톤의 사상 세계 사이에 놓여 있는 내적인 관계는 오인할 수 없다. 이미 훨씬 초기의 주석자들이 그 관계를 지적해왔고 그 이후에, 특히 빌라모비츠(Wilamowitz)가 판도라에 대한 그의 기념강연에서 그 관계를 강조하고 발전시켰다. 그의 경우에 판도라의 세계는 전적으로 플라톤의 이데아의 세계를 의미한다. 그러나 학문, 예술, 미를 포함한 그러한 왕국은 이러한 세 가지 근본적인 표명들 중 어떤 것에서도 남김없이 다루어지지 않았다. 플라톤과의 이러한 관계에 대하여, 빌라모비츠는 우리가 시 속에서 만나게 되는 풍부한 외적 상징들을 지적했다. 아테네의 성문 앞에 '아카데미'가, 즉 플라톤이 자신의 학파를 세웠던 성스러운 작은 숲이 있다. 그것은 플라톤 이론에 전념하는 젊은이들이 제물을 바치는 에로스의 제단을 특징으로 하고 있으며, 더 나아가서 이 장소에 서 있는 성스러운 올리브나무를 특징으로 하고 있다. 그리고 판도라가 역시 다시 돌아올 때 내려온 것이 올리브나무인데, 그것은 놀라운 하늘의 상징이며 동시에 프로메테우스의 화해의 표현이다. 그 때문에 빌라모비츠는 다음과 같이 추론한다. "프로메테우스와 에로스의 장소에 있는 플라톤 아카데미는 괴테에게 그의 구상 전체를 위한 결정적인 사상, 즉 판도라의 귀환이 학문과 예술이라고 하는 이상적인 자산을 배려하고 사랑하는 일로 인간을 고양하려는 사상인 것이다. 그는 이러한 사상을 파악했던 순간에 자신의 시를 구상하였던 것이다." 그러나 이러한 해석은 너무나 매혹적이어서, 물론 그것이 시 자체를 통해서 직접적이고 강제적으로 주어진 것은 아니라고 고백하게 된다. 왜냐하면, 시의 필에로스는 진정 사랑하는 자이기 때문이다. 그러나 에피멜레이아에 대한 그의 사랑은 전적으로 개인적이고, 전적으로 감성적이며, 전적으로 구체적인 정열이어서, 그의 사랑 안에 있는 어떤 것도 플라톤의 에로스가 내포하고 있는 그러한 보편적이고 신화적이고 철학적인 내용을 가리키지 않는다. 판도라가 신들의 선물로서 지상으로 가지고 내려온 올리브나무에 관하여 전적으로 살펴보면, //S. 13//여기에서 그 해석은 우리에게 보존된 『판도라』 속편을 위한 괴테의 도식에서 찾아볼 수 있는 유일한 장소에 의거하고 있다. "미, 경건, 휴식, 안식일, 모리아(Moria)"는 판도라가 지상으로 가지고 내려왔던 자산들이다. 그러나 설령 "모리아"가 이러한 관계 속에서 아테네인의 성스러운 올리브나무를 의미한다 하더라도, 막스 모리스(Max Morris)가 괴테 연구를 하면서 빌라모비츠의 설명에 이의를 제기하는 중요한 근거들에 따르면, 그것은 최소한 의심스럽다. 즉 성서의 "모리자(Morija)"에서 예루살렘 사원의 호칭으로 기억하는, 더 오래된 해석이 어쨌든 여전히 가능하다. 그래서 『판도라』의 외적인 상징법과 비유적인 언어는 그 자체로 플라톤과 플라톤적인 사상계로 접근하기 위한 충분하고 확실한 근거를 그 작품에 결코 부여하지 못할 것이다. 그 때문에 이러한 해석을 강화하고 확대할, 순수한 사상 내용 자체에서 추론된 다른 관계를 제시하지 않으면 안 된다.

이러한 관계를 표현하기 위해서, 물론 완결된 작품을 벗어나야 하고, 작품의 형성 이전의 해로 되돌아가는 것이 필연적이다. 왜냐하면, 이 해에 플라톤주의가 괴테에게 새로운 길로 접근하게 했으며, 그것이 전적으로 특정한 역사적 각인을 띠고 괴테에게서 직관적으로 나타났기 때문이다. 잘 알려진 대로, 1807년 가을에 괴테는 "판도라의 귀환"에 대한 초안 작성을 처음으로 결정했다. 그때 그는 제켄도르프 (Seckendorf)와 슈톨(Stoll)로부터 그들이 새로 창간한 잡지 『프로메테우스』에 쓸 기고문을 요청받았다. 그러나 그가 그때 받아들인 것은 모티프 자체가 아니라 단지 완성을 위한 외적인 자극뿐이었다. 오히려 "프로메테우스가 등장하는 신화적인 지점은 항상 현재적이며, 생동하는 확고한 이념이 된다"고 괴테 자신이 말하고 있는 것처럼, 판도라의 형상도 특정한 구성양식을 갖기 전부터 오랫동안 그를 따라다녔다. 그와 같은 것은 그의 가장 완성된 서정시들과 서사시들의 모티프들에서와 마찬가지이다. 그는 그 모티프들이 점차 성장하고 성숙하는 과정을 서술하고 있다. "어떤 위대한 모티프, 전설들, 아주 오래된 고대의 역사적 전승들이 나에게 깊이 새겨져 있어서, 나는 이러한 것들을 40년에서, 50년까지 생생하게 그리고 활동적인 상태로 마음속에 지니고 있었다. 나는 그러한 가치 있는 상들을 종종 상상력 속에서 새롭게 바라보는 것을 가장 아름다운 자산이라 여긴다. 왜냐하면, 그러한 가치 있는 상은 본질은 변화되지 않은 채, 항상 변형되면서, 새로운 형식으로, 더 결정적인 표현으로 무르익고 있기 때문이다." 그리고 이제 특정한 **사상적인** 작용이 외부로부터 이러한 내적인 성장 속에 개입하여, 어떻게 거기에 새롭고 결정적인 방향을 부여하는지가 분명해진다. //S. 14// 1805년 8월에 괴테는 플로티누스의 『엔네아데스』에 대한 연구, 특히 "예지적인 미"에 대한 플로티누스의 이론을 포함하고 있는 장에 깊이 몰두하였다. 그는 처음에는 라틴어로 번역된 플로티누스의 저작을 읽었으나 라틴어 번역은 그에게 곧바로 원본에 대한 동경을 일깨웠다. 그는 얼마 안 되어 볼프(Fr. Aug. Wolf)의 주선으로 원본을 손에 넣을 수 있었다. "고대 신비주의자"의 저작—괴테가 그렇게 불렀다—이 자신을 사로잡았던 것을 괴테 스스로 정확하게 묘사하고 있다. 즉 그는 결정적인 장소들을 인용하고, 간결하지만 특성적인 주석도 첨가하여, 1805년 9월 1일 자로 젤터에게 써보냈다. 괴테의 번역에 나타나는 이러한 장소들을 여기에서 하나나 재현해야만 한다. 왜냐하면, 그러한 장소들은, 무엇보다도 완성되어 주어져 있는 것으로서 『판도라』에서 배경을 이루는 사상영역과 직관영역에 그가 어떤 방식으로 접근했는지를 보여주는 가장 특색있는 표현이기 때문이다. "지성적인 세계를 관찰하고 진정한 지성의 미를 알게 된 자야말로 모든 감각을 넘어서는 지성적인 세계의 아버지를 깨닫게 될 수 있다는 것을 우리가 확신하게 된다면, 그와 같은 것이 분명하게 형성되는 한에서, 우리가 어떤 식으로 정신의 미와 세계의 미를 직관할 수 있는지를 힘닿는 대로 통찰하고 우리 자신을 표현하려고 시도하게 된다. 그 때문에 두 개의 돌덩이가 서로 나란히 있다고 상상해보자. 하나는 조야하고 인공적인 가공을 하지 않은 것이고, 다른 하나는 예술을 통해서 인간적인 혹은 신적인 조상으로 만들어져 있다. (……) 그러나 예술을 통해 아름다운 형상이 된 돌이 곧바로 아름답게 보이는 것은, 그것이 돌이기 때문이 아니다—왜냐하면, 이미 다른 돌덩이도 똑같이 아름다운 것으로 여겨지기 때문이다—오히려 그것은 예술이 부여해준 형상을 하고 있기 때문이다. 그러나 물질이 그러한 형상을 하고 있는 것이 아니라 오히려 그러한 형상이 돌에 도달하기 이전에, 이미 고안하는 자의 내면에 있었던 것이다. 그렇지만 예술가가 눈과 손을 가지고 있었기 때문에 그러한 형상이 예술가에게 있는 것이 아니다. 오히려 예술가가 예술을 부여받았기 때문이다. 따라서 예술 속에는 더욱더 위대한 아름다움이 있었다. 왜냐하면, 예술 속에 고요히 머물러 있는 형상이 돌에 이르는 것이 아니라 형상이 거기에 있기 때문이다. 또한, 그와 동시에 다른 보잘것없는 형상이, 즉 여전히 예술가가 어떤 방식으로 그러한 형상을 바라는지를 자기 자신 안에서 계속 고집하지는 못하지만, 오히려 소재가 예술에 복종하는 한에서만 분명해지는 그러한 형상이 있기 때문이다. 왜냐하면, 물질 안에서 드러나고 있는 형식은 이미 연장되어 있어서, 일자 안에 고수되고 있는 그러한 형식보다 좀 더 약해져 있기 때문이다. 왜냐하면, 자기 안에서 멀어짐을 겪은 것은 자기 자신으로부터 후퇴하는 것이기 때문이다. 따라서 작용하는 것은 작용을 받은 것보다 좀 더 우월함이 틀림없다. //S. 15// 그러나 예술이 자연을 모방하기 때문에 예술을 경멸하려는 자가 있다면, 그에 대하여, 자연도 역시 다른 많은 것을 모방한 것이라고, 더 나아가 예술은 인간이 눈으로 본 것을 곧바로 모방하는 것이 아니고 오히려 자연을 구성하고 자연을 다루는 데 있어서 기초가 되는 그러한 이성적인 것으로 되돌아가는 것이라고 대답하겠다. 그래서 비록 피디아스가 감성적으로 인지할 수 있는 것을 모방한 것이 아니고, 제우스 자신이 우리의 눈으로 볼 수 있게 나타나기라도 한 것처럼 피디아스가 감각 속에서 그러한 것을 파악한 것일지라도, 그는 신을 조형할 수 있었다."

여기서 우리는 사실상 신플라톤주의의 형이상학과 미학의 모든 본질적인 근본 특징들에 직면하게 된다. 즉 소재에 형상을 부여하는, 그럼으로써 소재에 미를 나누어주는 이념이 그것인데, 이 이념은 이러한 나누어 주는 것과는 상관없이, 영원한-일자로서, 자기 자체 내에서 순수하게 머물러 있다. 영원한 일자는 자신을 다양성 속에 완전하게 내맡기지도 않고, 다양한 것들 속에 등장한다 할지라도 결코 자신을 잃어버리지 않는다. 그래서 원상은 항상 감성적인 소재적인 모상에 대립하여 무한한 완전성을 보존한다. 즉, 산출된 것에 대립하여 산출하는 것을 보존한다. 그러나 바로 이러한 점에 대해 괴테는 이의를 제기한다. "모든 것을 산출하고 모든 것이 다시 되돌아가게 될 일자를 명상할 것을 그처럼 왕성하게 주장한다는 이유로, 고대와 새로운 시대의 관념론자들을 나쁘게 생각해서는 안 된다. 왜냐하면, 생생하게 만들고 질서를 부여하는 원리는, 물론 해방될 수 있다는 것을 알 수 없을 정도로, 현상 속에서 압박을 받고 있기 때문이다. 만약 형식을 형성하고 있는 것과 훨씬 더 고도의 형식 자체를 우리의 외적 감각과 내적 감각 앞에서 사라지는 통일성 속으로 밀고 들어간다면,

또 다른 측면에서 우리는 다시 축소된다. 우리 인간들은 연장과 운동을 할당받았다. 이러한 두 가지 보편적인 형식들 안에서 모든 나머지 형식들이 특히 감성적인 형식들이 계시될 수 있는 것이다. 그러나 정신적인 형식이 현상 속에 등장할 때, 그러한 등장이 진정한 산출, 진정한 생식이라고 한다면, 정신적인 형식은 절대 줄어들지 않는다. 산출된 것이 산출하는 것과 다름없다. 즉 산출된 것이 산출하는 것보다 탁월할 수 있다는 것이 생생한 산출의 이점인 것이다." 따라서 플로티누스가 단지 일자의 자기 외화만을, 자신의 "예지적인" 본질로부터 이탈만을 보는 데 반해, 괴테는 오히려 일자의 필연적인 전개와 자기 계시를 본다. 그는 "절대적인 것"의 형이상학적인 초월성에 자신의 예술적인 세계감정과 세계상의 내재성을 대립시킨다. 이러한 의미에서 그는 "이론적인 의미에서 절대적인 것"에 대하여 어떤 것도 말할 수 없다고 표명하면서도, 그러한 절대적인 것을 현상 속에서 알아차리고 항상 눈 속에 간직하고 있는 사람이 그것에 대한 보다 큰 이득을 경험하게 될 것이라고 주장해도 된다고 생애 내내 표명했다. //S. 16// 그리고 플로티누스를 강독함으로써 괴테에게 처음으로 열렸던 사상계의 내용 전체가 『판도라』의 초안을 착수하기에 앞서 직접 그에게 또다시 생생하게 의식되었던 것이다. 1807년 10월, 셸링은 그의 철학 전체에서 볼 때도 획기적으로 중요한, 뮌헨의 취임강연, 즉 「조형예술과 자연의 관계에 관하여」를 괴테에게 보냈다. "예지적인 미"에 대한 신플라톤주의 이론은 여기에서도 하나의 초점으로 통합되고 동시에 전적으로 독특한 특징을 통해서 풍부하게 된다. 왜냐하면, 플로티누스와 그의 철학적 계승자들이 요구하고 예고하였던 것을 셸링은 시인이자 자연 연구자인 괴테에게서 실현되고 있다고 보았기 때문이다. 사실상 "지적 직관"에 관한 셸링의 이론 전체는 단지 그가 괴테에게서 작용한다고 보았거나 작용하고 있는 것으로 보인다고 믿었던 정신적인 실행을 일반적인 방법적 개념들로 표명하려는 시도인 것이다. 그래서 괴테는 셸링의 강연 속에서 곧바로 자기 자신과 자신의 근본 직관을 다시 인식했음이 틀림없다. 실제로 그는 즉시, 자신의 신념이 셸링의 신념과 "완전히 일치한다"는 것을 밝혔다. 그러나 그가 형이상학자로서가 아니라 시인으로서 이러한 일치를 느끼고 있었는데, 이러한 일치는 이 시대에 그를 사로잡고 있던 순수한 시적 상으로 또다시 새롭게 그를 되돌아가게 했다. 그리고 여기에서부터 이제 판도라의 본질과 근원에 대해 에피메테우스가 말한 정열적인 묘사가 특수한 사상적인 강조를 획득한다.

내가 느꼈던 지복의 풍부함이여,

나는 미에 사로잡혔고 미가 나를 사로잡았다.

봄의 호위를 받으며 성스럽게 그녀가 나타났다.

나는 그녀를 알아보았고, 그녀를 사로잡았다. 그런 일이 일어났던 것이다!

안개처럼 침울한 광기가 사라지고,

그녀는 나를 땅으로 끌어당기고, 하늘로 들어 올린다.

그녀는 아래쪽에서 수천의 형상물 속에서 떠오르고,

물속에서는 불안정하게 떠돌고, 들판을 거닐고,

성스러운 척도를 따라 반짝반짝 빛나고 울려 퍼진다.

그리고 유일하게 형식이 내용을 고귀하게 하고

내용에 부여하는바, 최고의 위력을 부여한다.

나에게 그녀는 청춘으로, 여인의 형상으로 나타난다.

　여기에서 사실상 플라톤적인 공기와 사상의 분위기가 우리에게 불어 닥친다. 그러나 이러한 말로 표현되고 있는 것은 전적으로 독특하고 개별적으로 각인된 괴테의 플라톤주의이다. //S. 17// 왜냐하면 바로 여기에서, 이러한 것은 "형식"을 묘사하기 때문이다. 이때 형식은 "하늘 저편의 장소"에 속하지 않으며, 생명의 역동성 속에서, 자연의 형태화와 변형, 물결의 술렁거림 그리고 물체의 변화와 가시적인 윤곽 속에 나타나고 있다. 외적 감각 및 내적 감각 앞에서 사라지는 통일성 속으로 형식이 밀고 들어가는 것이 아니라 오히려 형식은 우리에게 있어서 생성의 폭풍과 리듬 속에 자신을 숨기는 동시에 드러내기 위해서 내려온다. 플라톤의 "이데아"에 대한 가장 초기에 이루어진 번역 중 하나로, 독일의 철학적인 말 가운데 "형상(Gestalt)"이라는 용어가 있다. 그리고 이러한 "형상"의 의미는 실러의 철학적인 시들을 통해서 일반적이면서도 변함없는 것으로 확정된다. "단지 물체만이 어두운 운명을 엮어내는 그러한 힘들에 적합하다. 그러나 모든 시간의 위력을 벗어나, 축복받은 자연의 연인이 빛의 초원 위를 떠돈다. 신들 가운데에서도 신적인 형상이." 그러나 괴테의 세계감정의 경우에, 순수한 형상의 왕국이 감성적인 세계를 초월하여 그 피안에 있는 것이 아니라 오히려 그러한 왕국은 감성적인 세계 자체에 생생하게 현존한다는 것이 독특한 점이다. 그래서 그에게 형상은 지속하는 것이자 동시에 움직이는 것, 동일한 것이자 변화무쌍한 것, 다만 특수 안에 존재하고 사는 보편적인 것이다. 자연 안에서, 예술 속에서, 윤리적인 것 자체에서 그는 이제 이러한 근본관계를 재발견한다. 따라서 그의 경우에 순수한 형상이 모든 시간의 위력에서 해방되고, 현격히 분리된 접근하기 어려운 영역에 머물러 있는 것이 아니라 오히려 그것은 시간적인 것 속에서 나타나, 시간적인 것 자체의 힘과 한계 아래에 있다. 순수한 형상은 한정될 때 비로소 인간의 감각으로 파악될 수 있고 확실히 들리게 되며 감각에 친밀한 기호로 말을 걸게 된다. 이러한 방식으로 판도라는 선물을 가지고 우선 에피메테우스에게 다가간다. 그녀에게서 그리고 그녀를 통해서 그에게 처음으로 존재와 생성 전체에 대한 조망이 열렸다. 그녀가 그를 떠났을 때, 그의 주위로 어둠이 들이닥치고, 형식을 갖추었던 현실이 다시 혼돈 속으로 가라앉는다. 생명의 내용은 없어지게 되고 그 대신에 결코 어떤 흘러나옴도 있을 수 없는, 항상 새로워지는 날들의 동일함만 남아있을 뿐이다. 기본적인 힘을 가지고서, 이러한 근본감정이 그의 독백의 시작에서 분출하고 있다.

"깊은 잠이 행운과 고통에서 벗어나도록 나에게 생기를 불어넣는다.
그러나 이제 밤에는 항상 살금살금 다니고 이리저리 돌아다니며 깨어있어서
나는 나의 잠을 짧은 행운이라 여기며 아쉬워하고,
너무나 성급하게 빛을 내는 샛별만큼이나,
수탉의 울음에 놀란다. 항상 밤이 좀 더 지속하기를. //S. 18
헬리오스가 힘차게 이글거리는 불꽃을 이리저리 흔든다.

그럼에도 인간들이 가는 길을 밝게 비추는 것은 그러한 불꽃이 아니다."

왜냐하면 『판도라』에서 묘사되고 있는 "형식"의 왕국을 인간은 항구적으로 소유할 수 없기 때문이다. 개별적인 상들에서 그것을 파악했다고 믿는 사람은 곧바로 그것이 자신의 손아귀에서 해체되는 것을 경험한다. 그것은 마치 **헬레나**가 파우스트에게서 사라져버리고 단지 그녀의 옷과 베일만이 그의 손에 남겨졌던 것과 마찬가지이다. "항상 변화하면서, 확실하게 자신을 유지하고 있는" 순수한 형상들의 세계는, 프로메테우스적인 인간 종족의 경우에, 즉 "빛이 아니라 비친 것을 보는 것"으로 규정되어 있는 인간 종족의 경우에, 멀고도 가깝고, 가까우면서도 멀리 떨어져 있다. 신들의 손이 판도라의 곱슬머리에 씌운 화관이 아직도 에피메테우스의 의식에 어른거린다. 그러나 그가 화관을 붙잡으려고 해도, 그것은 더는 한데 붙어있지 못하고, 잎이 다 떨어져버린다. "모든 것이 풀려나간다. 꽃들은 하나하나, 푸른 잎을 통해서 공간과 장소를 만들어낸다. 나는 꽃들을 따면서 걷고 딴 꽃들은 사라져버린다. 빨리도 사라지는구나. 장미여, 나는 너의 아름다움을 파괴한다. 백합이여, 너도 벌써 사라지는구나!"

그러나 에피메테우스의 경우에, 판도라 내부에서 그에게 계시되었던 생명의 상과 함께, 생명 그 자체도 차츰차츰 사라져 가는 그때, 또 다른 세계가 그에게 대립해 있다. 그 세계는 순수하게 자기 자체에 뿌리를 내리고 있고 안정되어 있어서, 어떤 낯선 도움도, 위로부터 어떤 선물도 필요로 하지 않는다. 괴테는 한 번 더 프로메테우스 모티프를 묘사한 적이 있는데, 젊은 시절에 쓴 시에서는 오로지 고대의 티탄적인 특성만을 그렸다. 그러나 덧붙이자면, 형상 자체와 형상이 보여주고 있는 정조는 처음의 프로메테우스 극과는 반대로 완전히 변화한다. 처음의 단편에서 프로메테우스는 괴테가 자기의 모든 창조적인 기본적인 경험들을 집중시킨 창조적인 인간의 최고의, 고도화된 상징이라면, 『판도라』의 프로메테우스는 겨우 작용하고 있고 활용하고 있는 것의 대표자일 따름이다. 핀다로스의 말, 마이스터가 될 수 있다는 것(ἐπικρατεῖν δύνασθαι)에 매료된 청년 괴테에게 순수한 형상을 형성하는 것과 직접적인 창조 활동이 완전하게 하나로 통합되어 있다. 그는 한 편에서 다른 편의 것을 느끼고 향유했다. 그러나 괴테가 내적인 자기 형성으로 나아가면 갈수록, 그 앞에는 의식과 상의 세계와 행위의 세계, 즉 눈앞의 목표로 향하는 직접적인 활동의 세계 사이에 직접적인 대립이 더욱더 예리하게 나타난다. 그 이후의 시적 상징법 역시 이러한 이원론의 특징을 지니고 있다. 따라서 에피메테우스와 프로메테우스 간의 대립은, 정당하게 강조되고 있듯이, 근본적인 대립의 특수한 개별적 각인만을 형성하고 있을 뿐이다. //S. 19// 그러한 근본적인 대립은 괴테의 시 전체를 이끌었던 것이고, 그것의 가장 심도 있는 진술과 형상화는 타소와 안토니오 사이의 대립에서 찾아볼 수 있다. 그러나 훨씬 더 규정적으로는, 대부분 개념적인 반명제의 명확함과 분명함이라는 측면에서 보면, 여기에는 양 영역의 대표자들이 서로 대립하고 있다. 프로메테우스는 그렇게 자신의 대장장이들에게 말한다. "너희를 내가 구했다. 그때 구할 수 없는 내 종족들이 도취한 몽롱한 시선으로, 움직이는 매력적인 형상들을 향하여 두 팔을 벌리고 달려들었고, 손에 넣을 수 없는 것을 얻고자 했다. 그것은 설령 얻을 수 있는 것이라고 해도, 유익하지도 도움이 되지도 않는 것이었다. 그러나 너희는 유익한 자들이다." 이러한 유익하다는 것의 세계에서 모든 내적인 차이, 즉 정신적인 것의 모든 고유한 가치의 속성과 가치의 구별은 사라진다. 척도가 더는 내용의 순수한 **존재** 속에 있지 않고 오히려 그러한 존재 자체에는 낯선, 다른 목적을 **수행하는** 데 있다면, 결국 모든 좋음은 동일한 가치를 지닌다. 에피메테우스는 모든 좋음이 "최고 좋음"을 획득하는 데 기여하지 않는 한, 그것을 무가치한 것으로 생각할 때, 그러한 에피메테우스를 향하여 프로메테우스는 묻는다. "최고 좋음이라니? 나에게 모든 좋음은 동일하게 생각된다." 여기에서도 청년 시절, 시로 구상한 프로메테우스—형상과의 대립이 분명하게 나타난다. 청년 괴테의 단편에서 프로메테우스는 신들과의 투쟁에서 오로지 **한** 명의 신적인 존재, 즉 미네르바와만 결속되어 있다. 그녀는 프로메테우스의 정신으로, 즉 그의 본질이 그 자체인 그의 정신이며, 그를 생명의 샘으로 인도하는 존재이다. 비로소 이러한 생명의 샘으로부터, 그의 피조물들은 영활하게 되고 현존재를 향유하도록 일깨워진다. 그래서 여기에서 창조적인 행동력은 정신적인 것의 순수한 힘과 완전히 하나가 된다. 그러나 『판도라』의 프로메테우스는 판도라가 그에게 보낸 선물을 유혹하는 속임수라고 멀리하고—속편의 도식이 보여주듯이—판도라 자신이 두 번째로 완전히 광휘에 둘러싸여 가시화하고 구체화하여 필멸의 것으로 하향할 때도, 그는 이러한 성향을 고수한다. 그는 인간적-티탄적 능력의 자족이 아니라 오히려 확고한 **소유**의 자족에서 이러한 선물에 대립하고 있다. "새로운 것이 나를 기쁘게 하지 않는다. 땅에 사는 이 종족은 충분히 부여받았다." 모든 노력의 척도와 정당화가 오직 그것의 이득 안에서만 추구되는 물질적인 목적의 영역에서, 순수한 **형식** 바로 그것에 속하는 모든 것은 설 자리가 없다.

완성된 판도라-시가 내포하고 있는 명확하게 각인된 사상적-알레고리적 규정들은 판도라의 형상에서 그리고 프로메테우스와 에피메테우스의 대립적인 성격 속에서 일반적으로 남김없이 다루어진다. //S. 20// 왜냐하면 줄거리의 나머지 전체―그 중심에는 에피멜레이아와 필에로스의 사랑이 있다―가 이미 다른 단계에 속해 있기 때문이다. 여기에는 더는 어떠한 단순한 알레고리도 지배하지 않는다. 오히려 여기에서 우리는 진정한 시적 상징법의 중심에 있다. 작품의 이 부분에서 묘사되고 표현되고 있는 것은 특정한 사상 내용이 아니라, 오히려 특정한 체험 내용이다. 단지 **한** 지점에서만 이러한 시적인 세계는 오해의 여지 없이 『판도라』의 개념 세계와 명백하게 관련된다. 필에로스와 에피멜레이아는 판도라의 선물을 처음으로 진정으로 받게 되는 새로운 인간 쌍을 나타낸다. 왜냐하면, 에피메테우스에게도, 프로메테우스에게도 이러한 선물들을 주기로 결정되지 않았기 때문이다. 에피메테우스가 이러한 선물들을 받지 못했다고 보는 이유는, 설사 그의 경우에 판도라가 나타났을 때 존재 전체가 비로소 진정으로 새롭게 활기차게 되고, 그가 그녀에 의해서 현존재로 다시 되돌아가게 된다고 하더라도, 그는 그와 동시에 판도라에 의해서 인간 세계에 뿌리내리게 된 새로운 질서와는 분리되기 때문이다. 『판도라』 속편의 도식은 전체의 종결 부분에서 헬리오스가 빛을 내며 등장하고, 그와 동시에 판도라와 함께 젊음을 되찾은 에피메테우스를 자신 쪽으로 높이 치켜들고 있음을 보여준다. 그러나 킵셀레(Kypsele), 즉 판도라의 선물이 들어 있는 상자가 처음 나타났을 때, 그것을 숨기고 당황하며 알려고 하고, 다수의 소망과는 반대로 "무조건 없앨 것을 주장했던" 프로메테우스는 자신이 패배했다고 여겨지자, 멀리 떨어져서 불평한다. 단지 젊은이들과 대다수 사람만이 판도라의 선물을 직접 자신의 것으로 삼는다. 후자, 즉 대중들은 경탄하여 눈이 휘둥그레지고 입을 쩍 벌리고 바라보면서 모든 새로운 것을 붙잡으려고 애쓰지만, 전자, 즉 젊은이들은 그것의 무한한 가치를 진정으로 느끼고 있다. 킵셀레가 내려왔을 때, 처음으로 그것을 호의적으로 받아들인 자가 필에로스이며, 에피멜레이아는 예언녀이자 여사제로서 등장하여, 예언으로 성소의 숨겨진 보물을 해석한다. 게다가 속편의 도식에 "필에로스, 에피멜레이아, 사제"라고 기록되어 있다. 그것은 두 사람이 새로운 의례적인 질서의 토대를 만들고 성소의 경호를 맡게 되었음을 암시한다. 에오스가 시의 첫 번째 부분을 마무리하면서 말한 대로, 여기에서 분명히 필에로스와 에피멜레이아가 자신들을 위해서 그리고 다른 사람들을 위해서 새로운 시대를 가져오는 자라는 것이 알려진다. 단조로운 날들 속에서, 그들의 결혼을 위한 "신적으로 엄선된" 날이 강조된다. 필에로스는 밀물에서, 에피멜레이아는 불꽃에서 올라올 때, 두 사람이 서로 처음 만나는 것으로 여긴다면, 그들 역시 비로소 상대방의 마음에서 진정으로 자신을 알고 느끼며 세계를 새로운 의미로 받아들이고, 그럼으로써 세계를 자신들에게로 고양한다.

　물론 이러한 점에서 시 자체를 소개하는 것이 중단되고, 우리에게 남겨져 있는 속편의 계획안은 우리에게는 판도라의 선물의 고유한 내용에 대하여 단지 불충분하고 규정되지 않은 추측만을 허용하는 것으로 보인다. //S. 21// "킵셀레가 열린다. 사원. 앉아 있는 데몬들. 학문. 예술. 막", 이것은 우리에게 남겨진 간결한 말로, 물론 그것에 대해서만 다양한 종류의 해석의 여지를 줄 수 있다. 왜냐하면, 무엇보다도 어떻게 예술과 학문의 세계가 완성된 자산으로서, 위로부터 온 선물로서 최초의 인간세계에, 양치기들과 무사들의 세계에 나타나는가 하는 의문이 생겨나기 때문이다. 정신적인 것이 외부로부터 자연 안으로 들어간다고 하는 직관, 즉 정신적인 것이—아리스토텔레스적인 표현을 사용한다면—외부로부터(θύραϑεν) 자연으로 내려온다고 하는 직관, 이러한 직관은 물론 옛날부터 전해 내려온 형이상학적-종교적 자산이다. 그러나 이러한 직관은 그 본질 전체에 따르면, 비괴테적일 수밖에 없다. 판도라 자신이 젊음의 형상과 여성의 형상을 띠고 에피메테우스에게 가까이 다가가면서 동시에 모든 존재 및 모든 살아있는 생성에 계시가 되는 형식의 전능을 알리고 있다면, 여기에서도 예술과 학문은 정신적인 그리고 자연적인 세계를 관통하고, 통일성으로 통합하는 최고의 형성 능력의 개별적인 표현들일 뿐이라는 것을 헤아린다면, 우리는 알레고리의 의미에 좀 더 가까이 다가가게 될 것이다. 판도라와 시간적으로나 내용상으로 가까웠던, 1807년 바이마르 극장 개장을 위한 서막극은 직접 사상을 표현했다. "작은 것에서나 큰 것에서도 영원히/ 자연이 작용하고, 인간의 정신이 작용한다. 그래서 둘 다/ 눈에는 보이지 않은 채 온 세상을 비추는 천상의 태초의 빛의 반사인 것이다." 그러나 이제 이러한 축제극은 동시에 별도의 해명을 위한 특징을 부여한다. 하나에 다른 하나가 단지 단순히 반복되고 확장될 정도로, 자연의 작용과 인간 정신의 작용은 직접 서로 동화하지 않고, 오히려 양자의 대립과 모순으로부터 비로소 인류가 자신의 고유한 자산으로서 스스로 획득한, 새로운 형식세계가 제시된다. 인간은 다시 구축되기 위해서는 파괴되지 않으면 안 된다. 인간이 진정으로 자연의 섭리를 자기 것으로 삼고자 한다면, 자연이 자신의 어두운 섭리에 따라 창조했던 것을 이러한 최초의 형상화로부터 해체하고, 강압적으로 새로운 형상을 강요함이 틀림없다. 인간의 고유한 형성능력은 형식을 고찰하는 데 있지 않고 형식을 창조하는 데에 있다. 그리고 그것은 큰 것들에서나 작은 것들에서도 동일하다. 그것은 모순된 노력의 세계를 하나의 목표로 통합하는 지배자의 명령 속에서 표현됨과 마찬가지로, 또한 소재에서 새로운 형식을, 즉 특정한 형성물을 얻을 수 있는 여전히 좁게 한정된, 각각의 모든 활동 속에서도 똑같이 표현된다. //S. 22// "너는 직조기의 의자에 앉아, 가르침을 받으며, 민첩한 사지를 가지고서 실들을 통해 실을 짜고, 박자를 치듯이 모든 것을 서로 엮어 나간다. **너는 창조자다.** 신이 너의 작업과 너의 부지런함에 미소 짓지 않을 리 없다." 여기에서 누구라도 그의 영역 내에서는 세계창조자를 모방한다. 왜냐하면, 그는 자연에 대하여 순수하게 수동적인 관계에 있는 것이 아니고 오히려 창조적인 관계에 있기 때문이다. 그리고 여기에서부터 우리는 이제, 프로메테우스와 에피메테우스를 둘러싼 좁은 인간세계에 있어서 판도라의 도래가 의미하는 것을 더욱더 명확하게 파악할 수 있다고 생각한다. 판도라가 처음 나타났을 때, 그녀는 두 티탄에게만 접근했는데, 사람들 대부분은 그녀의 선물을, 가상과 안개 속으로 사라지는 단지 환영으로만 해석했다. 그러나 판도라가 다시 돌아왔을 때, 처음으로 이 세계에 자신을 헌신한다. 그러한 세계의 중심에 그녀는 영원한 성소를 세웠다. 그리고 모든 사람 각자는 이제 곧바로 자신과 자신들의 특정한 영역을 위하여 그녀의 선물을 요구하려고 한다. 대장장이들은 상자의 내용이 터져 나오기 전에 보호하고자 하며, 상자에 대해 알기 위해, 기껏해야 상자를 조금씩 조금씩 철저히 조사하려고 한다. 그러고 나서 그들은 울타리를 치고 담을 쳐서 성소를 보호하겠다고 자청한다. 그 반면에 포도를 재배하는 사람들이 성소 주변에 심기를 바란다. 그래서 각각의 모든 사람은 고유한 기능이라는 점에서 그리고 고유한 선물이라는 점에서 각자가 소유하고 있는 것에, 그리고 그것에 대해서 이러한 선물을 다시 새롭고 풍부한 형상 속에 받아들이는 것에 접근하게 된다. "판도라가 나타났을 때, 포도 재배자들, 어부들, 농부들, 목동들을 자신들의 자리에 세운다. 그녀가 가지고 온 행운과 편안함. 상징적인 풍요로움. 각자가 그것을 자신의 것으로 삼는다." 그럼으로써 발생한, 새로운 알레고리적인 관계가 완전히 일반적인 것이 된다. 이미 판도라 상징에 대하여 보편적으로 밝혀진 근본적인 의미에서 비춰본다면, 그것은 분명해진다. 이제 새롭게 형식의 세계가 인류에게로 내려온다. 그러나 이제야 비로소 형식의 세계는 진정으로 인간적인 것이 된다. 그것은 다시 아득히 사라져 가는 꿈의 이미지와 꿈의 행운을 나타내지 않고 오히려 이러한 희미하고 하찮은 현존재 속으로 들어간다. **형식**의 왕국은 **행위**의 영역에서 삶과 현실성을 획득한다. 그럼으로써 비로소 프로메테우스와 에피메테우스가 화합한다. 두 사람의 화합을 보여주는 상징적인 표현은 자식들의 결혼, 즉 필에로스와 에피멜레이아의 결혼이다. 에피메테우스의 세계는 행동이 없는 동경과 관상의 세계였으며, 프로메테우스의 세계는 형식은 없고, 외적인 이득에만 관심이 있어서 그것에 묶여 있는 행위만 있는 세계였다. 이러한 의미에서 프로메테우스는 행위와 축제를 대립하는 것으로서 느끼고 있음이 틀림없다. "네가 축제에 대하여 나에게 무엇을 알려주었는가? 나는 축제를 좋아하지 않는다. 모든 밤은 지친 자들을 충분히 회복시킨다. 참된 인간의 진정한 축제는 행위이다." //S. 23// 그러나 이 말은 이제 프로메테우스 자신은 의식하지도 예견하지도 못한 새로운 의미에서 성취되어야만 한다. 판도라의 왕국에서는, 그녀가 기여한 외적인 목적을 통해서 비로소 가치를 얻는 일은 존재하지 않고 오히려 여기에서는 활동 자체가 근원적이고 순수한 **형식의지**의 유출이며 그것으로부터 활동은 본래적이고 자발적인 가치를 얻는다. 여기에서 또다시 1807년의 서막극을 인용한다면, 다음과 같다. "유일하게 가치 있는 이러한 행위, 그것은 자신의 가슴에서 나온다. 그것은 그 자체로 움직이며 자신의 영역 안에 사랑스러운 활동 공간을 반복적으로 충족시킨다." 이러한 행위는 프로메테우스와 마찬가지로 에피메테우스에게서도 거부되었다. 그러나 이러한 행위에서 비로소 형상이 완전한 **인간적인 현실**에 도달한다면, 이러한 형상은 인간 앞에 그림자나 도식으로 계속 있는 것이 아니라 오히려 내적이고 근원적으로 인간의 삶에 순응하게 된다. 그래서 하나의 동일한 것으로 존재하는 판도라—상징은 그 본래의 의미와 깊이를 이러한 새로운 관계 속에 비로소 받아들인다. "**과정** 가운데 영원한 것"을 보고자 하는 것이 대체로 괴테의 "이념적인 사고방식"에 고유한 것이다. 그러나 미완성된 시의 제2부에서, 그것은 자연의 변화와 생성 속에서뿐만 아니라 인간적인 노력과 활동의 다양성 속에서도 표상되어야만 한다. 순수한 형상은 유한한 현존재에게 전해진다. 그것은 수천 가지 형성물이 되어 내려오지만, 자연의 비밀스러운 삶에서보다도 분명하게 인간 정신의 계시적인 활동 속에 등장한다. 여기에서 형식의 힘은 직접 현재화하는 힘으로서 표출되는데, 즉 제한된 노력을 전적으로 넘어서지 않고 오히려 그러한 노력 자체에서 가시적으로 드러나게 되는 내용 속에서 표출되는 것이다.

시의 미완성 부분인 제2부의 본래적인 주요 테마일 것으로 생각되는 이러한 근본 모티프가 어떻게 개별적으로 시적으로 형상화됐는지를 추측한다는 것은 물론 불가능할 것으로 보인다. 그러나 이 경우에 『파우스트』 시의 뛰어난 예를 보는 것만으로도, 아마도 간접적으로나마 분명함을 얻을 수 있을 것이다. 파우스트의 경우에, 헬레나의 상실 이후에 삶의 새로운 의미가 인간적인 공동체의 노력에서 밝혀지고 있듯이, 파우스트가 여기에서 지혜에서 최종적인 결론을 인식하고 있다. 그와 마찬가지로, 판도라 역시 서정적-극적인 표현수단 속에서 인류의 **삶 전체**의 동일한 상으로 인도했을 것이다. 그러한 삶 전체를 나타내는 동일한 상은 심지어 그것의 한계 속에서도 동시에 최고의 보편적 의미를 구체화한다. 목동들, 대장장이들, 군인들의 개별적인 목소리가 이미 제1부에서 울려 나왔다. 등장인물을 표시한 것과 속편의 도식이 보여주고 있듯이, 제2부는 그 목소리에 포도 재배자들, 어부들, 농부들의 목소리가 더해졌을 것이다. //S. 24// 사람들은 이 개별적인 목소리들 모두가 마침내 강력한 대위법 속에서 대규모의 푸가로, 우레와 같은 찬가로 통합되어가는 것을 듣고 있다고 생각한다. 이 작품에서 그와 같은 찬가는 무엇을 의미했던 것인가! 괴테는 어떤 다른 작품에서보다도 이 작품에서 의식적인 언어 조형 능력의 최고 상태에 도달해 있었고, 박자, 리듬 그리고 멜로디의 모든 수단을 자유롭고 제한 없이 구사하고 있었다. 전체의 구상, 즉 여기에서 계획된 개개의 목소리들이 점차 증가하고 있는 이러한 구상은 더욱더 분명히 알 수 있게 된다. 필에로스를 구조하는 것에 대한 묘사는 디오니소스적으로 시작된다. 필에로스는 정열적인 질투심에 사로잡혀, 에피멜레이아를 찾아가 모욕을 준 후에, 너무나 절망하여 바위에서 바다로 뛰어든다. 그러나 그 안에서 꿈틀대는 젊음의 충동과 삶의 충동이 그의 능력을 입증하고, 범람하는 조류를 벗어나도록 쉽사리 그를 떠올린다. 어부들과 포도 재배자들은 바쿠스적인 환영인사로 그를 맞아들인다. 실렌이 바쿠스에게 하듯이, 한 노인이 웃으면서 한 잔 가득한 컵을 그에게 내민다. 새롭게 얻은 현존의 도취와 흥분이 그로부터 흘러나와 환호하는 군중들에게로 넘쳐흐른다.

심벌즈여, 울려라, 종아, 울려라!
어깨의 표범 가죽
허리까지 두르고,
손에는 바쿠스의 지팡이(Thyrsus)를 들고
그가 이쪽으로 걸어온다. 신과 같이!
환호하는 것이 들리느냐? 종이 울리는 것이 들리는가?

아, 고귀한 축제의 날들이

널리 알려진 축제가 시작된다!

이러한 축제에서 다툼과 불행을 예고하면서 판도라의 성스러운 그릇이 나타나기 시작한다. 격앙된 대중들은 분산된다. 한 무리는 그 릇을 깨뜨리려고 빼앗기 위해 그릇으로 돌진하고, 다른 무리는 보호 하기 위해 그릇을 가로막는다. 에피멜레이아의 예언 이후에도 또다 시 동일한 유형이 반복된다. 즉 "파괴, 산산조각, 파멸, 처음부터 다시 한 번." 판도라가 등장함으로써 비로소 폭력적인 것들이 무력해진다. 각자가 자신의 공동체를 위한 그녀의 선물을 손에 넣으려 하면서, 폭 력적인 시도가 다양한 활동들의 일치로 이행하게 된다. 디오니소스 적인 도취가 디오니소스적인 행위로 변화한다. 그리고 "그 자리에 모 인 자들의 대화"는 판도라에게로 향하는 대창(對唱)으로 변해간다.

그러나 깊이 사색하는 에피멜레이아가 예고했던 것과 같은, 순수 한 고찰의 세계가 이제 향유와 행위, 수용과 창조 속에서 격정적으 로 동요하는 이러한 세계를 극복한다. //S. 25// 대중의 디오니소스적 인 도취에 여사제이자 예언자의 아폴론적인 분명함이 대립하고 있 다. "에피멜레이아. 예언. 킵셀레(Kypsele)의 설명, 과거의 것을 이미지 로 변환하기. 시적인 참회. 정의"라고 속편의 도식에 기록되어 있다. 이러한 단어들은 처음에는 불명료한 것처럼 보인다. 그러나 곧바로 괴테 자신이 완전히 자기 고유의 이념적이고 시적인 현실의 전체적 인 직관의 특징으로 느끼고 묘사했던 여기에서의 명명백백한 관계들 에서 그것들은 명확해진다. 『시와 진실』에서 괴테가 자기 삶의 근본 방향이라고 부른 것은 자신을 만족하게 하고 괴롭히거나 그렇지 않으면 몰두하게 하는 모든 것을 상으로, 시로 변화시키고 그것에 대하여 자기 자신으로 완결하는 경향이다. 다만 양심을 가지고 있는 고찰하는 인간은—왜냐하면 "행동하는 사람은 항상 양심이 없기" 때문이다—정열의 거친 요소 속에서 파멸 당하지 않으려면—대체로 하나의 상 속에서 일어나는 삶의 이러한 변화에 묶여 있어야 하는데, 이러한 삶의 변화에 대하여 시만이 특수하지만, 그럼에도 최고의 표현인 것이다. 이러한 의미에서 모든 예술은—괴테가『판도라』를 구상하던 시기에,『친화력』에서 언급하고 있듯이—삶으로부터 멀어지는 것을 의미하는데, 그럼으로써 한층 더 삶에 확고하게 결합하기 위해서이며, 세계를 끌어내는 것을 의미하는데, 이는 세계를 제거하기 위해서이다. 그래서 여기에서, 최고단계의 순수한 행위의 힘이 다시금 조형의 힘으로 이행할 때, 판도라의 지배, 즉 순수한 "형상"의 지배가 완성된다. 이제 성스러운 상자 안에 앉아있는 다이몬들이 예술과 학문을 위한 알레고리적인 표현으로서, 줄거리 전체 속에서 무엇을 의미하는지 알게 된다. 판도라의 도래는 이념적인 자산인 학문과 예술에 대하여 마음을 쓰고 사랑하는 일로 인간을 끌어올린다는 것이—빌라모비츠가 표현했듯이—의심할 여지 없이 확실히 표현되고 있다. 그러나 학문과 예술은 여기에서 오로지 가장 낮은 곳에서부터 가장 높은 곳까지 조형하고 형상화하는 활동의 모든 형식을 포괄하는 일련의 단계들의 정점에 있다. 그럼으로써 이제 마침내 게다가 다른 상징의 의미가 밝혀지게 되는데, 그러한 상징으로 인해 시는 완성되게 된다. 막이 내린 후, 엘포레는 또다시 무대로부터 나타나서, 맺음말을 한다.

그러나 여기에서 그녀는 엘포레 트라사이아(Elpore thraseia), 즉 "낙관적인 희망"이라는 새 이름으로 묘사된다. 또한, 여기에서 엘포레는 그 작품의 제1부에서 잠든 에피메테우스에게 다가오지만, 에피메테우스가 다가가려고 애쓰자마자 사라져버리는, 흘러가 버리는 꿈의 형성물이 더는 아니다. //S. 26// 그녀는 "형상을 혼합할 수 있는 혼탁한 영역"에 더는 속하지 않고 오히려 그녀는 현실 자체의 일부분인 것이다. 그녀는 동시에 성취라는 살아있는 보증을 담지하는 기대이자 동경이다. 그러한 희망은 단순히 감지하고 고찰하는 인간이 아니라, 오로지 활동하는 인간에게만 주어진 것이다. 시의 제1부에서 프로메테우스는 엘포레를 신 종족에서 온 자들 가운데 그도 알고 있는 친밀하고 유일한 자라고 불렀다. 그러나 그의 활동이 전체로서 순간에 밀착되어 있고 순간의 수고로 향하고 있지만, "엘포레 트라사이아"는 새로운 종족에게 새롭고도 알려지지 않은 목표로 향하는 길을 가리키고 있다. 만년의 괴테에 의해―『편력시대』로부터 『파우스트』의 제2부에 이르기까지―"모든 지혜의 총계"로서 끊임없이 묘사되고 칭찬을 받는 그러한 통일은 이제 한 쌍의 자매, 엘포레와 에피멜레이아로 상징화된다. 가장 최고의 심사숙고는 순수한 용기에 무게를 둔다. 이념적인 것이 현실의 창조와 변형에서 검증을 요구한다.

그럼으로써 동시에 우리는 시와 시의 개별적인 등장인물들의 모든 알레고리적인 해석이 불충분해지는 지점에 도달한다. 그 지점에서 고유한 해석은 더는 추상적이고 분리된 사상 세계로부터 획득될 수 있는 것이 아니고 단지 괴테의 정조의 세계와 체험의 세계로부터 획득될 수 있다. 『판도라』는 괴테에게 있어서 두 시대의 경계를 형성한다. 그것은, 순수하게 형식의 측면에서 고찰하면, 괴테의 고전적인 시기와 의고주의적인 시기의 정점을 의미한다. 그러나 다른 한편으로는 그것의 내용 전체에서 보면, 이미 분명하게 그 시기를 넘어서 있다. 판도라를 통하여 에피메테우스에게 주어진 순수한 형상의 계시를, 괴테는 이탈리아에서 체험했다. 그는 로마에서 슈타인 부인에게 쓴 편지들에서, 여기에서 규정되지 않고 한정되지 않은 것들 속에서 행해진 모든 거인적인 노력이 그로부터 멀어져갔고, 자연과 예술 속에서의 영원한 아름다움, 법칙적인 것을 바라봄으로써 만족하게 된 것을 묘사했다. 괴테는 여기에서 획득한 새로운 근본통찰을, 그 이후로, 유일한 법칙이자 척도로 삼는다. 그는 실러와의 공동 작업 속에서 이 새로운 근본통찰을 이론과 교의로 변형한다. 또한, 그것에서 그 자신의 시적인 양식도―『서출의 딸』에서와 마찬가지로―결정적인 영향을 받는다. 그러나 『서출의 딸』의 드라마적인 세계는, 물론 여기에서 단지 멀리 떨어져 있는 것으로 보일 수 있는, 희미한 배경에 마주하고 있는 상으로 이미 존재한다. 괴테는 프랑스 혁명의 정신적인 힘들을 그 자체로, 고전적인 양식의 형식 세계로 고양함으로써 이념적으로 시적으로 붙잡으려고 시도했으나 헛된 것이었다. 더욱더 강제적이고 가차 없이―특히 1806년에 일어난 사건 이래로―이러한 힘들이 그 자신의 삶과 자기 민족의 현존 속에 영향을 미친다고 느꼈다. //S. 27// 또한 이제 그는 이러한 힘들에 굴복하지 않으며, 이러한 힘들에 의해 그 자신의 불가피한 방향 속에 규정되지도 방향을 바꾸지도 않는다. 그러나 이러한 힘들에 대한 방어는―괴테는 항상 그것을 더욱더 깊이 인식했다―이제 더는 직관의 힘들 속에 있지 않고 오히려 행위의 힘 속에 놓여 있다. 괴테가 처음에 자기 민족의 **교육자**로서 이러한 사상을 파악하고, 그것을 우선『판도라』에 바로 앞서 상연한 1807년의 서막극에서 알레고리적인 시로 만들었던 만큼, 괴테 자신의 경우에도 항상 그러한 사상에 대한 강력한 반작용이 나타났다. 가장 순수한 고전적인 형식의 왕국에서 그는 이제 어떠한 무조건적인 만족도 발견하지 못한다.『파우스트』의 제2부의 결론 부분에 나타난 헬레나드라마에 대한 대립 속에서, 혹은『수업시대』에 대한『편력시대』의 대립 속에서 가장 순수하고 가장 명확하게 증명하고 있는 이원론이 이후로 잇달아 그의 시 속에서 관철되고 있다. 인류의 가장 최고의 목표가 **개인**의 모든 능력을 육성하는 데 있다고 보는 독일 인문주의의 개인주의적인 이상에 **사회적** 이상이 대립한다. 즉 개인에게 있어서 자유로운 전개에 도달하는 인간능력들의 총체성을 요구하는 것에 대하여, 각 개인의 몫에서 그리고 한정된 실행 내에서 모든 개인에게 요구되는 포괄적인 공통의 삶의 질서의 요구가 대립하고 있다. 인간형성의 그러한 최고의 개인적 이상에 대한 전망을 가지기 시작했던 빌헬름 마이스터는 외과 의사로서 자신의 길을 결정하는데, 야르노-몬탄에서 필린네에 이르기까지 소설의 모든 등장인물 속에서 동일한 변화를 알 수 있다. 여기에서도 우리는 유용성의 단순한 영역—괴테의 그처럼 친근한 많은 표현이 실제로 거기에 가볍게 닿아 있는 것으로 보인다—에 내동댕이쳐져서는 안 된다. 그 대신에 "형성(Bildung)"의 전체 영역이 분명하게 인격형성으로부터 공동체와 전체의 목적을 위한 형성으로 이동하게 된다. **하나의** 특정한 중심으로부터 출발하여 점차 모든 것으로 나아가면서 자신을 스스로 확장하고 모든 것 안에서 자기 자신을 최고의 형상 속에서 재발견하는 활동 대신에, 여기에는 변화무쌍하면서도 자체로 대립적인 다양한 노력들이 있다. 그러나 이러한 노력들은 결국 최고의 목적에 따라 규율 아래에 놓여 있다. 그러한 통일 속에서 이념적 노력과 실재적인 노력이, 사랑과 행위가 통합되어야만 한다. 그것은 방랑자들의 합창에서도 언급되어 있다. "무조건적인 충동에 기쁨이 계속되고 충고가 따라온다―그리하여 너의 노력이 사랑 속에 있고 너의 삶이 행위라니." 우리가 입증하고자 했던 것은 『판도라』의 결론에서 에피메테우스의 세계와 프로메테우스의 세계의 동일한 통일이, 동일한 화해가 상징적으로 표현되고 있다는 것이다. //S. 28// 그러나 물론 그 시는 우리에게 동시에 또 다른 계기를 보여준다. 그러한 계기 속에서 비로소 그 시가 내포하고 있는 대립의 고유한 깊이가 비로소 생생하면서도 서정적-극적으로 표현되고 있다.

왜냐하면, 괴테는 자신이 획득한 새로운 통찰의 감정 속에서, 조용하고 침착하게 그의 고전기의 이상을 버리지 않기 때문이며, 오히려 그가 고전기의 이상과 함께 침몰해버린 것이 자기 삶의 조각이라고 보았기 때문이다. 로마에서 받았던 것과 같은 감정의 고귀함과 기쁨으로 그 이후로는 다시는 돌아가지 못했다고 괴테가 일찍이 에커만에게 표명했던 말이 떠오른다. 즉 "로마에서의 나의 상태와 비교해본다면, 진정으로 그 후로는 두 번 다시 행복한 기분을 느끼지 못한 것 같다." 여전히 그는 독일로 돌아온 후에도, 상 안에서 이러한 상태를 새롭게 하고 붙잡아 두려고 시도했다. 그러나 외견상으로는 완결되어있고 자족 상태에 있는 이러한 상도 새로운 삶의 요구들을 견

디지 못한다는 것을 그는 점차 더욱더 많이 경험했다. 이러한 경험은 비로소 그의 노년의 시와 지혜에 **체념**의 인장을 찍는다. 왜냐하면, 체념은 괴테의 경우에 인간이 삶의 행운을 단념해야만 한다는 일상적인 권고를 의미하지 않기 때문이다. 오히려 그것은 처음으로 또 다른, 더욱 깊은 단계에 속하기 때문이다. "향락은 저속하게 만든다"는 말은 괴테의 노년기에만 속하는 것이 아니고, 오히려 그의 인격 전체에서, 그의 모든 다양한 시절과 발전의 측면에서 동일하게 존재하는 에토스 즉 품성에서 기원한다. 괴테의 경우에, 체념의 본래적 의미이자 전적으로 고통스럽게 하는 의미는 그것이 개별적인 **자산**의 포기일 뿐만 아니라 또한 최고의 이념적인 **내용**의 포기를 인간에게 요구하는 것에서 비로소 생겨난다. 『판도라』와 『친화력』의 시기 이래로, 심지어 이러한 요구는 괴테에게 있어서 내적으로 훨씬 더 의식적이고 단호하게 관철되고 있다. 더욱이 그는 이탈리아에서 확신했고, 그 후로는 실러와 훔볼트와 함께 최고로 완성시켰던 미감적–인문학적인 이상을 제한하려고 나서는 것으로 보인다. 더욱이 그는 전체성의 요구를 고집하면서도, 전체를 더는 **개인**에게서 찾지 않고 오히려 **개인들**에게서 찾는데, 모든 개별적인 힘들의 최고의 조화가 아니라 오히려 이러한 힘들이 서로 맞물려 관련을 맺는 것에서, 그러한 힘들의 대립적인 보완에서 찾는다. 그러한 보완은 다른 측면에서는 //S. 29// 훨씬 더 특정한 전문화와 분업을 내포하고 있다. 이러한 의미에서도 역시 이제 판도라의 풍요로운 청춘의 화관은 그와 다시는 결합하지 않는다. "화관은 풀어지고, 부서지며, 모든 신선한 들판 위로 풍부하게 그 선물을 흩뿌린다." 그리고 예전부터 있었던 청춘의 충만함과 젊음 전체와의 이러한 이별의 감정은 시에 가장 특유한 **서정적인** 각인을 부여한다. 프로메테우스가 시에서 말하고 있는 것처럼, "미는 행복에, 청춘에 아주 가까운 것이다. 다른 것과 마찬가지로, 어느 것도 절정에 머물러 있지 못한다." 그 정상에 이제 괴테가 서 있다. 그리고 도래한 몰락의 감정이 최고의 풍요로움 한가운데에서 그를 사로잡는다. 『판도라』의 내용의 각각의 모든 상징적인 해석을 별도로 하더라도, 그것이 『판도라』의 울림과 음조를 그처럼 깊은 감동으로 몰고 간다. 라헬 레빈(Rahel Levin)이 『판도라』를 처음 읽었을 때, 그 시를 매개로 하여 그녀는 처음으로 노년의 비극을 알 것 같았다. "그것은 나에게 엄청난 인상을 남겼다. 나는 즉각 노년을 이해했는데, 나는 그 무렵 노쇠해지고 있었다. 늙는다는 것도 **갑자기** 생겨난다. 한창때인 젊은이가 미리 노년을 준비한다 하더라도, 꽃과 같이, 노인도 꽃봉오리에서부터 갑작스럽게 전개된다"고 그녀는 파른하겐(Varnhagen)에게 써보냈다. 그것은 해석되지 않고 느껴질 뿐이다. 그것이 시가 직접 전하고 있는 근본적인 정조의 표현이다. 가장 순수하고 가장 깊게, 이러한 정조는 에피메테우스의 탄식 속에서 표현된다.

"아름다운 자한테서 떨어지라는 저주를 받은 사람아,
외면하면서 달아나라!
그녀를 바라보면, 가장 깊은 곳에서 불타오르게 된다.
아름다움은, 아, 아름다움은 그를 영원으로 이끈다.
사랑스러운 사람 가까이에 있을 때, 묻지 마라.
당신은 떠나가는가? 내가 떠나는가? 격렬한 고통이

너를 발버둥 치게 하여, 너는 그녀의 발아래 쓰러져 있다.

그리고 절망이 너의 심장을 찢어놓는다."

이러한 말로 표현하도록 재촉한 것이 개별적인 개인의 고뇌였는지, 아니면 직접적으로 임박한 상실이었는지 알지 못할뿐더러 물을 필요도 없다. 그러나 괴테적인 시와 괴테적인 사랑의 서정시의 특유한 형식에 따른다면 사람들은 그것을 긍정하기보다는 오히려 부정하려 한다. 괴테의 만년의 서정시도, 직접적으로는 개인적인 동기에서 솟아 나왔던 때, 그러한 동기를 표현하는 데 있어서 더없이 구체적이고 명확한 것이었다. 반면에 여기에는, 가장 깊고 정열적인 격동의 한가운데에서도 여전히 정열적인 **순간**으로부터 멀리 떨어진 것 같은 어떤 것이 감지되고 있다. 이것은 이미 (**아름다운 것**한테서 떨어지라는 저주를 받은 사람아)와 같은 표현의 보편성 속에서 보인다. //S. 30// 에피메테우스의 말 속에서 계속 울려 나오고 있는 것은 개별적이면서도 특수한 삶의 한 계기의 정조가 아니라 오히려 삶의 한 시기의 정조이다. 그것은 삶의 특수한 상태와 갈등으로부터가 아니라 오히려 전진해가면서 동시에 쇠약해지는 삶의 법칙 그 자체로부터 이해하게 되는 슬픔이다. 이러한 비극의 감정 속에서 괴테의 경우에도 역시, 평상시에 자연과 인간적인 현존재를 에워싸고 있던 유대가 풀린다. "별빛 그리고 은은한 달빛, 그림자의 깊이, 물의 낙하와 술렁거림은 무한한데, 우리의 행복만은 유한해." 『친화력』과 마찬가지로 『판도라』가 결핍이라는 고통스러운 감정을 표현하고 있다고 괴테는 『판도라』에 대해 말했다. 그러나 『친화력』에서와 마찬가지로, 이러한 결핍은 인간이 자신이 내던져졌다고 느끼는 힘들에 대하여 거칠게 대항하게 하지도 않고 인간이 추상적이고 냉담한 스토아주의에서, 냉정하고 수동적인 태도에서, 그러한 힘들에 대하여 만족하게도 하지 않는다. 고뇌 그 자체 속에서 그는 여전히, 모든 개개인의 행복과 고통을 넘어선, 현존재의 필연성과 법칙성을 체험한다. 그러나 다른 한편으로 그는 이러한 필연성에서 우매한 숙명론을 따르지 않고, 오히려 그가 이러한 필연성에 지배를 받으면서도 그것에 대립하여 자기를 주장한다. 이러한 근본 정조로부터 괴테는 그 시의 미완성된 제2부에서 완전한 표현을 발견했던 그러한 감정 속에서 다시금 구원을 발견할 수 있기를 바란다. 즉 어떠한 정지상태도, 어떠한 늙음도 없는, 항상 다시 새로워지는 삶 전체의 감정에서의 구원인 것이다.

괴테가 『판도라』에 대해 자신이 자신의 다른 시들에서보다도 여기에서 한 층 더 "일반적인 것으로 나아가고" 있다고 말했을 때, 그것이 무엇을 의미하는지를 여기로부터 비로소 우리는 더 깊이 이해할 수 있다고 믿는다. 일반적인 것으로 향하는 이러한 경향성은 단순히 추상적인 것으로의 전환이 아니다. 왜냐하면, 또한 여기에서도 여전히 그는 자신의 **삶의 감정**의 직접적인 전체로부터 형상화하였기 때문이다. 이제 보편으로의 새로운 경향은 이러한 삶의 감정 자체의 특징이 된다. 삶의 근본대립들과 근본적인 측면들, 즉 청춘의 삶과 노년의 삶, 사색하고 형상화하는 삶과 결단하고 행위를 하는 삶, 이러한 모든 것들은 괴테의 경우에 이제는 단순히 개념적으로 나뉠 수 있는 것이 아니고 오히려 그 자체로 생기가 있고 감정적으로 느껴지는 단일체인 것이다. 괴테는 자신의 여러 가면극에서, 예를 들면 『파레오

프론과 네오테르페』에서 노년과 청춘과 같은 그러한 대립을, 때로는 단순한 마스크라고 평가했고 표현했다. 그러나 『판도라』는 바로 여기에서 이러한 최고의 상징적인 축제극을 가장행렬의 알레고리에서 완전히 떼어놓는다. //S. 31// 『판도라』는 괴테의 예술에서 만년의 새로운 양식을 시작한 작품이다. 그러한 양식의 비밀은 특수한 삶의 **현상들**뿐만이 아니라 보편적인 삶의 **힘들**을 가시화하는 데 있으며, 완결된 형상들로 나타나게 하는 데에 있다. 괴테의 고전적인 시기 전체를 특징적으로 만드는, "원상적인 것"과 "전형적인 것"에로 파고드는 것이 그에게 있어서 최고로 강화하는 것이다. 그러나 그것은 외부로부터 대상 그 자체에 강요되는 이질적인 경향의 외관을 잃어버렸다. 왜냐하면, 그것은 괴테가 통달했던 바라보고 체험하는 개별적인 방식으로 순수하고 완전하게 스며들었기 때문이다.

괴테와 플라톤

초판 1쇄 인쇄 2016년 1월 18일
초판 1쇄 발행 2016년 1월 22일

지은이 에른스트 카시러
옮긴이 추정희
발행인 신현부
발행처 부북스

주소 서울시 중구 동호로17길 256-15
전화 02-2235-6041
팩스 02-2253-6042
이메일 boobooks@naver.com

ISBN 979-11-86998-35-9 93100

이 도서의 국립중앙도서관 출판예정도서목록(CIP)은 서지정보유통지원시스템 홈페이지
(http://seoji.nl.go.kr)와 국가자료공동목록시스템(http://www.nl.go.kr/kolisnet)에서
이용하실 수 있습니다.(CIP제어번호: CIP2016000579)